위대한 복음 전도자
빌리 그레이엄
조 용 기

| 이승한 지음 |

사진 : 조용기 목사, 빌리 그레이엄 목사

쿰란출판사

추천사

　기독교 2000년 역사에 수많은 그리스도인들이 충성과 헌신으로 기독교 복음 전파에 기여했습니다. 어떤 이는 문학으로 어떤 이는 음악으로 또 어떤 이는 과학으로 이름을 빛내며 하나님의 영광을 드러냈습니다. 특별히 20세기 두 차례의 전쟁과 경제적 대공황 속에서 기독교 복음을 전 세계에 전파하며 교회의 부흥을 이끈 빌리 그레이엄 목사와 조용기 목사는 기독교 역사에서 빼 놓을 수 없는 인물입니다.

　빌리 그레이엄 목사는 미국을 중심으로 서구 세계에서 그리고 공산권까지 복음의 영역을 넓혔으며, 영산 조용기 목사는 한국전쟁으로 처참하게 파괴된 소망 없는 땅에서 예수 그리스도만이 살길이라는 절대 희망의 십자가 복음을 전하며 한국교회의 부흥을 이끌었습니다. 특히 조용기 목사는 지구를 120바퀴나 도는 복음의 전도집회를 했으며 그의 영향을 받은 사람들이 세계 곳곳에서 그리스도의 제자가 되어 복음을 전하며 교회를 성장시키고 있는 것은 놀라운 일입니다.

　조용기 목사는 서울 대조동에서 천막교회를 개척한 뒤 50년 만에 여의도순복음교회를 성도 85만여 명의 세계 최대교회로 일으켜 세웠으며, 가난한 사람들의 교육기관인 엘림복지타운을 만들고, 한

세대학교와 국민일보를 설립해 선교, 교육, 나눔, 봉사의 삶을 실천하신 위대한 종입니다. 1973년과 1974년 여의도에서 열린 민족복음화대성회와 엑스플로 74 대회를 통해 부흥의 불길을 지폈고 오중복음과 3중축복, 4차원의 영성 등의 목회 방향을 정립해 수많은 사람들에게 영향을 미쳤습니다.

20세기 기독교 역사에서 뛰어난 업적을 다룬 책 《위대한 복음 전도자 빌리 그레이엄 & 조용기》가 나오게 되어 매우 기쁘게 생각한다. 이 책을 통해 많은 젊은이들이 도전을 받고 그들보다 더 뛰어난 복음 전도자들로 하나님께 영광을 돌리길 기대합니다. 이 책을 쓴 이승한 목사는 한세대에서 목회학 석사, 서울신대에서 신학석사학위를 받은 현직 언론인입니다. 한세대 석사학위 논문을 책으로 펴낸 것을 축하드리며 한국교회를 위해 더욱 많은 일을 해 주길 당부드립니다.

2012년 10월 20일
명성교회 담임목사 김삼환

추 천 사

일찍이 미국의 풀러 신학대학원의 한 선교학 교수는 〈로스엔젤레스 타임즈〉에 기고한 글에서 "20세기 말이 되면 한국의 조용기 목사는 복음 전파에 있어 미국의 빌리 그레이엄 목사만큼이나 중요한 위치에 서게 될 것"이라고 예측한 바 있습니다. 그러나 그의 예측보다 훨씬 더 빨리, 즉 20세기 중반부터 이미 이 두 거인은 세계 선교의 양대 기둥으로 자리매김을 하게 되었습니다. 예수 그리스도의 지상명령(마 28:18~20)을 받들어 온 세계에 복음을 전해 온 두 위대한 전도자의 사역과 삶은 모든 그리스도인들에게 커다란 교훈과 함께 도전을 던져주고 있습니다.

빌리 그레이엄 목사님은 1973년 서울 여의도광장에서 100만 명 이상이 모인 초대형 전도 집회를 개최함으로써 한국 사회에 놀라운 영적인 부흥의 바람을 불러일으켰으며 우리 한국 그리스도인들에게도 친숙한 세계적인 복음 전도자입니다. 또한 조용기 목사님은 전 세계 오순절 성령운동의 존경받는 지도자이자, 여의도순복음교회를 개척하여 세계 최대 교회로 성장시키시고 세계 성령운동을 이끌어 오신 영적인 거인입니다.

빌리 그레이엄 목사님이 정통 복음주의적인 메시지로 세계인에게 구원의 복음을 전했다면, 조용기 목사님은 이에 더하여 절대 긍정의 메시지와 함께 교회를 새롭게하고 부흥케 하는 강력한 성령운동을 펼치신 복음 전도자로서 귀한 사명을 감당하셨습니다.

이번에 기독 언론인으로서 주님을 향한 뜨거운 신앙과 함께 한국교회의 긍정적인 공헌과 또 개선되어야 할 모습에 대하여 깊은 이해를 갖고 계신 국민일보 이승한 종교국장께서 빌리 그레이엄 목사님과 조용기 목사님의 사역을 비교한 저서 《위대한 복음 전도자 빌리 그레이엄 & 조용기》를 출간하게 된 것을 진심으로 축하드리는 바입니다. 아울러 이처럼 저의 영적인 스승이신 조용기 목사님의 사역을 다각도로 소개하는 책들이 활발히 발간되고 있는 것에 대해 개인적으로도 반가운 마음을 금할 수 없습니다.

이 책을 읽는 모든 분들이 조용기 목사님과 빌리 그레이엄 목사님이 체험한 하나님의 은혜를 체험하고 두 분이 품은 복음 전파의 열정을 품어 땅 끝까지 이르러 예수 그리스도의 구원의 복음을 전하게 되시기를 간절히 기원합니다.

2012년 10월 20일
여의도순복음교회 담임목사 이영훈

추 천 사

성경과 기독교 역사를 보면 위대한 부흥의 역사가 있을 때는 언제나 연합 정신과 대중 집회가 꽃을 피웠다. 사무엘의 미스바 성회, 엘리야의 갈멜 산상 성회, 에스라의 수문 앞 광장 성회, 마가 다락방 오순절 성령강림 성회 등 이스라엘이 함께 모일 때 새로운 회복과 부흥의 역사가 나타났다. 교회사를 보아도 웨일즈 부흥운동, 미국 아주사 부흥운동, 무디 부흥운동, 인도 카시아 부흥운동, 우리나라 평양대부흥운동 등 함께 모여 기도할 때 성령의 불길이 타올랐다.

지금도 남미나 아프리카에서는 대중 집회가 활발하게 열린다. 그곳에서 놀라운 성령의 임재와 치유, 회복의 역사가 나타나며 폭발적인 부흥 행진이 이어지고 있다. 한국 교회도 70-80년대까지만 해도 빌리 그레이엄 목사를 초청해 열린 '엑스플로 74' 등 여의도에서 100만여 명이 넘는 대중 집회를 개최할 정도로 연합 정신과 대중 집회가 꽃을 피웠다. 그 당시는 우리나라뿐만 아니라 세계적으로 대중 집회가 활발하게 펼쳐졌다. 그 때 20세기 기독교 복음화의 꽃이 만발하게 하는 데 하나님은 두 거성을 쓰셨다. 서양에서는 빌리 그레이엄, 동양에서는 조용기 목사님이었다. 두 분은 20세기 세계 복음화의 두 축이었다.

그런데 빌리 그레이엄은 대중 전도집회만 하였지 목회자는 아니었다. 그러나 조용기 목사님은 세계 최대 교회를 목회하면서 동시에 빌리 그레이엄보다 더 많은 전도 집회를 다녔다. 빌리 그레이엄도 냉전 시대를 관통하며 공산권에 복음을 전하였지만, 조용기 목사님도 러시아를 비롯하여 동구 공산권에 복음을 전하였다. 무엇보다 조 목사님이 가는 곳마다 놀라운 성령의 역사가 나타났다. 집회 중에 수많은 병자들이 고침을 받고 앉은뱅이가 휠체어를 들고 일어서서 간증을 하며 사탄에게 짓눌렸던 영혼들이 자유함을 얻는 회심과 구원의 역사가 나타났다.

부족하지만 나도 젊은 목사 중에 가장 큰 목회 사역을 하고 있다고 평가 받고 있다. 그런데 조용기 목사님의 사역을 보면 그분은 내가 감히 흉내도 못 내고 발끝에 서지도 못할 정도로 불멸의 사역을 하셨다. 그런 의미에서 조용기 목사님의 전도집회와 성령집회는 교회사에 전무후무하다고 할 수 있다. 만약에 조 목사님이 영국이나 미국에서 태어났다면 훨씬 더 큰 영향력을 발휘했을 것이다. 그러나 그는 동방의 가장 작은 나라 한국에 태어났음에도 불구하고 세계적인 전도자요, 최고의 목회자로 쓰임 받은 것이다. 그는 일찍이 영어, 일본어, 프랑스어 등을 터득하여 유창한 영어와 외국어 실력을 가지고 세계를 150바퀴나 돌면서 복음 전파를 하였다.

그래서 그는 역사상 빌리 그레이엄보다 더 복음을 많이 전했던 위대한 전도자요, 세계 최대 교회를 일구어 낸 목회자가 되었다. 뿐만 아니라 세계를 다니면서 대한민국을 가장 많이 알린 선구자적 민간 외교관이었다. 나는 지금도 조용기 목사님 앞에 서면 떨리고 내 자신이 너무 작아 보인다. 왜냐면 하나님 앞에 그분이 얼마나 위대하게 쓰임 받았는가 하는 사역의 족적 앞에 압도를 당하기 때문이다.

그런데 요즘 아쉽게도 한국 교회의 연합 정신과 대중 집회가 약화되면서 부흥의 저력이 소멸되고 있다. 언제부턴가 한국 교회 안에 "사람만 많이 모이면 뭐하는가, 그렇게 모인다고 우리 사회가 변화된 것이 무엇인가" 하면서 대중 집회를 경시하는 풍조가 나타났다. 대신에 개인의 신앙 성숙과 인격 변화를 위한 성경공부와 제자훈련을 강조하기 시작했다. 물론 이것은 한국 교회를 성숙시키는 데 큰 기틀이 되었다. 그러나 반대로 개교회 성장과 각개전투식 사역을 하면서 점점 한국 교회의 결집력이 사라지고 부흥의 동력을 상실해 버렸다. 즉 귀중한 하나를 얻은 대신에 또 다른 귀중한 것을 잃어버린 것이다.

이런 시대에 더 안타까운 것은 세계를 150바퀴나 돌면서 생명을 걸고 복음을 전했던 조용기 목사님의 헌신적 사역을 점점 잊어가고 있다는 사실이다. 심지어는 여의도순복음교회 내 극히 일부조차도 조 목사님의 위대한 복음 전파 사역을 조금씩 망각하는 안타까운 현상이 나타나고 있다. 바로 이러한 때 국민일보 종교국장이신 이승한 목사님께서 《위대한 복음 전도자 빌리 그래레이엄 & 조용기》라는 책을 출간하게 된 것은 너무나 기쁘고 감사한 일이다. 이승한 목사님이야말로 특별한 역사적 안목과 혜안으로 이런 책을 출간했을 것이다.

특별히 이 책이 세계 각국 언어로 번역되어 제2의 빌리 그레이엄과 조용기 목사님 같은 위대한 전도자요, 부흥 사역자들이 많이 나올 수 있기를 기대한다. 우선 나부터도 신학생 시절부터 지금까지 큰 바위 얼굴로 가슴 깊이 존경하고 우러러보던 제2의 조용기가 되기를 원하고 있다. 또한 한국 교회 안에 연합 정신과 대중 집회의 불길을 다시 타오르게 하는 부흥의 불꽃을 점화할 수 있기를 바란다. 뿐만 아니라 이 책을 통해서 앞으로 세계 도처에 연합 집회와 대중 집회의 불길이 활활 타오르기를 기도한다.

2012년 10월 20일

소강석 목사(새에덴교회 담임목사, 시인)

들어가는 말

"21세기는 복음 전도가 어려운 시대"라는 한숨 섞인 목소리가 여기저기에서 들려온다. 더 이상 전통적인 의미의 전도는 무리라는 자조 섞인 말도 들린다. 하지만 현재의 암울한 현실에 비해 과학과 경제 발전이 훨씬 미약했던 지난 20세기는 세계 선교의 부흥기였다. 지난 세기에는 많은 전도자들과 교회들의 적극적인 세계 선교로 인해, 세계 각국의 수많은 사람들이 복음을 들을 수 있었고 받아들였다. 황금어장 시대였다.

그러나 그런 20세기의 초에도 현재와 같은 어려움은 있었다. 중세시대를 지나 인간의 이성을 만물의 척도로 여기던 계몽주의의 영향으로 인해 19세기에 이르러서는 유물론과 합리주의가 서구 지성 세계를 지배하는 세력이 되고, 이것은 19세기 말과 20세기 초에 신학적으로도 자유주의를 절정에 이르게 만들었다.

1960년대 세계교회협의회(WCC)는 급기야 전통적인 의미의 선교는 포기되어져야 한다고 주장하게 되고 전도의 모라토리엄(moratorium)을 선언하기까지 했다. 그러나 그러한 상황에서도 성령의 활동은 멈추지 않으셨고, '빌리 그레이엄'과 '영산 조용기' 같은 사람들을 통하여 선교의 불길을 멈추지 않고 타오르게 했다.

"그리스도인이 되기 전, 그리스도를 만나기에 앞서 위대한 그리스도인을 만난다"라는 말이 있다. 이 말은 누군가 우리를 그리스도를 만날 수 있게 그리스도께로 인도하는 역할을 한다는 말이다. 그 누군가를 우리는 '위대한 그리스도인' 이라 부를 수 있다.

'위대한 그리스도인' 은 여러 가지 모습으로 나타날 수 있다. 삶의 현장에서 사랑과 봉사를 말없이 실천하는 그리스도인으로 나타나기도 하고 인격이 고매한 그리스도인으로 나타나기도 한다. 그런가 하면 순수한 인간미를 지닌 그리스도인으로 나타나기도 하고, 지혜롭고 슬기로운 그리스도인으로 나타날 수도 있다.

그 형태야 어떻든 이들 모두는 그리스도를 만나지 못한 채 어둠 속에서 방황하던 사람들을 그리스도께로 인도한 사람들이다. 그들을 통해 우리는 '참빛' 이신 예수 그리스도를 만날 수 있었다.

오늘 필자는 세계 선교의 역사 속에서 두 사람의 '위대한 그리스도인' 을 소개하려고 한다. 이 책을 읽는 독자는 그리스도께로 인도하는, 그래서 그리스도를 만나는 복음 전도 사역을 위해 자신을 헌신한 '위대한 그리스도인' 을 만나게 될 것이다. 두 '위대한 그리스도인' 은 자국은 물론 전 세계 곳곳, 심지어 냉전시대에 공산주의 국가에까지 들어가 복음을 전파했던, 빌리 그레이엄(Billy Graham)과 한국

전쟁 이후 절대 절망의 땅이었던 한국에서 절대 희망의 복음으로 기적의 목회 신화를 창조하고 1964년부터 2011년 말 현재까지 80개국 300개 도시에서 400회 이상의 성회를 통하여 전 세계 사람들에게 치유하시는 하나님을 경험케 하고 있는 영산 조용기 목사이다.

이 두 사람은 특별히 20세기 초부터 지금까지 전 세계 부흥 운동을 이끌어 온 복음주의와 오순절 운동에 있어서 가장 대표적인 인물이다. 필자는 이 책에서 20세기 복음주의 운동과 오순절 운동에 대해서 먼저 살펴보고, 두 사람에 대해 자세히 비교해 보려고 한다.

필자는 이 책에서 세계 선교 부흥 운동의 역사 속에서 빛나는 이 두 사람을 비교 연구함으로써 지난 세기에 세계 교회가, 그리고 한국 교회가 어떻게 선교의 불꽃을 지켜왔는지를 증언할 것이다. 그들의 삶과 부흥 운동의 스타일, 그리고 설교 사역들을 연구함으로써 그들의 사상적인 특징과 선교 전략들은 물론 '위대한 그리스도인'의 면모를 구체적으로 알 수 있을 것이다.

나아가서 두 사람의 열정적인 선교사역을 통해 나타났던 그리스도를 향한 결심과 헌신의 행렬이 오늘 우리의 사역을 통해서도 이어지기를 바라고 기도한다.

한국 교회의 성장은 멈췄다고 말한다. 한국 교회에서 전통적인 의미의 선교는 퇴색됐다는 소리들이 날로 늘어가는 이 시대 속에서도 복음의 전달은 계속돼야 한다.

그래서 필자는 20세기 세계 선교 부흥 운동의 주된 움직임이었던 복음주의 운동과 오순절 운동을 비교하고 구체적으로 두 운동의 대표적인 인물 가운데 미국의 빌리 그레이엄 목사와 한국의 영산 조용기 목사를 선택하여 비교 연구하고자 했다.

빌리 그레이엄 목사가 복음주의자로서 20세기에 진보주의자들에 의하여 꺼져가던 세계 선교의 불씨를 다시 불붙게 했다면, 영산 조용기 목사는 선교 대상이었던 한국 교회에서 세계 최대의 교회를 이루어 내고 21세기 세계 선교를 감당해 내는 선교국가로의 전환을 이루어 낸 오순절 운동의 대표적인 인물이다.

필자는 이 책에서 20세기 복음주의 운동과 오순절 운동에 관하여 소고하고 나아가서 20세기 부흥 운동을 대표하는 두 사람, 빌리 그레이엄 목사와 영산 조용기 목사의 인생, 그리고 부흥 운동 스타일과 세계 각국에서 그들이 전한 메시지들을 비교 연구함으로써 나타나는 두 인물의 사상적 특징들을 비교하고 두 사역자의 선교가 복음전도사(史), 한국 교회 선교사(史), 나아가서 세계 선교사(史)에 끼친 영향을 알리려고 한다.

부족한 필자가 두 위대한 인물을 다루는 것은 너무나 많은 한계가 있다. 그들의 업적은 너무도 크기 때문이다. 하지만 책을 펴 내도록 성령님께서 인도하셨다. 이 책을 통해 21세기에도 위대한 복음 전도자들이 나오길 기도한다. 하나님께서 왜 두 사람을 위대한 복음 전도자로 사용하셨는지 이 책을 통해 하나님의 음성을 들었으면 한다.

2004년 신학석사학위 논문을 각색해 책으로 만들어주신 쿰란출판사 편집진과 대표 이형규 사장님께 감사드린다. 그리고 사진 자료를 제공해주신 여의도순복음교회와 이영훈 담임목사님께 감사드린다.

2012년 10월 20일

이승한

목 차

추천사   김삼환 목사 __ 2

이영훈 목사 __ 4

소강석 목사 __ 6

들어가는 말 __ 10

1부. 20세기 복음주의 운동

1. 복음주의의 의미와 역사적 배경 / 21

  1) 복음주의(evangelicalism)의 의미 / 21

  2) 복음주의 운동의 역사 / 25

2. 현대 복음주의 운동 / 31

　　1) 빌리 그레이엄 목사와 복음주의 / 31

　　2) 로잔(Lausanne) 운동 / 38

3. 복음주의와 세계 선교 / 41

2부. 20세기 오순절 운동

1. 20세기 오순절 운동의 배경 / 49

　　1) 현대 오순절 운동의 배경 및 신학적 뿌리 / 49

　　2) 현대 오순절 운동의 태동 / 53

2. 현대 오순절 운동 / 58

　　1) 토페카의 부흥 운동 / 58

　　2) 아주사의 부흥 운동 / 60

　　3) 신오순절 운동 / 63

3. 오순절 운동과 세계 선교 / 65

3부. 빌리 그레이엄 목사와 영산 조용기 목사의 부흥 운동

1. 빌리 그레이엄 목사의 복음주의 부흥 운동 / 73

　　1) 빌리 그레이엄 목사의 생애 / 73

2) 빌리 그레이엄 목사의 부흥 운동 / 80

2. 영산 조용기 목사의 오순절 성령 운동 / 94

　　1) 조용기 목사의 인생 역정 / 94

　　2) 조용기 목사의 성령 부흥 운동 / 99

4부. 두 사람의 부흥 운동 스타일과 메시지에서 나타난 특징 비교

1. 빌리 그레이엄 / 115

　　1) 복음 전도자로서 강한 자의식 / 115

　　2) 동시대적(同時代的)인 메시지 / 116

　　3) 철저히 성경에 근거한 메시지 / 117

　　4) 친근한 카운슬링 어조의 구사 / 119

2. 영산 조용기 목사 / 121

　　1) 구원의 현재성의 부각-축복의 영성 / 122

　　2) 종말론적인 영성 / 128

　　3) 낮은 사람들과 함께하는 영성 / 133

　　4) 한국 교회 성장의 밑거름이 된 한국적 오순절 운동 창시자 / 138

　　5) 선교 인재 양성 / 141

5부. 빌리 그레이엄 목사와 영산 조용기 목사가
　　　세계 전도사(史)에 끼친 영향

1. 빌리 그레이엄 목사의 선교 사역 / 149

　1) 공산주의 국가에 복음 전파 / 150

　2) 대중매체를 활용한 복음 전도 / 151

　3) 협력 복음 전도와 1950년대 복음주의의 분열 / 152

2. 영산 조용기 목사의 선교 사역 / 154

　1) 성경 중심의 그리스도 십자가 복음의 선포 / 154

　2) 효과적인 복음 전파를 위한 신유 복음의 선포 / 157

　3) 적응성을 가진 상황화 선교 / 165

3. 선교의 입력 구조에서 선교의 출력 구조로 / 170

나오는 말 __ 176

부록　1. 조용기 목사 강연 내용(2012. 9. 28 서울신대 100주년 기념) / 186
　　　2. 조용기 목사 성회 및 연표 / 236
　　　3. 빌리 그레이엄 전도대회 연표 / 245

1부
20세기 복음주의 운동

복음주의 운동이 세계 선교의 주도권을 가졌다고 하는 것은 세계 교회사의 관점에서 매우 중요하다. 앞으로의 기독교는 더 이상 유럽 교회가 주도하지 못하고 제3세계 교회들이 주도하게 될 것이다. 그리고 이 제3세계의 선교를 복음주의 교회들이 담당하고 있기 때문에 기독교의 미래는 복음주의가 주도하게 될 것이라고 보아도 무리가 없을 것이다.

-본문에서

사진은 1967년 4월 영국 웨스트민스터 센트럴홀에서 기독학생회 주최로 열린 부활절예배에서 조용기 목사가 아시아 대표로 참석해 설교하는 모습이다.

복음주의라는 말은 미국에서는 20세기 초 자유주의에 대항해 일어난 근본주의 운동과 거의 동일시되어 있는 반면, 유럽에서는 17세기 이후 교리 논쟁에 휩싸인 차갑고 메마른 고백주의 신학에 대항해 일어난 경건주의 운동과 맥을 같이하여 사용된다.

복음주의라는 개념은 자유주의에 대한 반동, 현대에서는 에큐메니즘에 대한 반발, 그리고 근본주의 신학보다도 좀더 교회와 사회에 대한 개혁지향적인 성격을 가미한 의미로서 현재 사용되고 있으나 그 신학적 내용에 대해 명확한 개념 정립은 아직 이루어지지 않고 있다.

그렇지만 몇 가지 점에서는 공통되는 특징이 있다. 복음의 우월성에 대한 확신, 선교적 열정, 이원론적 신앙 형태, 사회 참여에 대한 무관심과 정치적 보수성 등이 바로 그것이다. 특별히 한국 교회의 경우 미국 복음주의의 영향을 크게 받아 여기서는 미국 복음주의와의 관련성에 주목하기로 한다.

1. 복음주의의 의미와 역사적 배경

1) 복음주의(evangelicalism)의 의미?

복음주의가 무엇이냐는 질문에 한 마디로 대답한다는 것은 불가능하다. 복음주의라는 단어가 수많은 단체나 교파에서 사용된다는 것 자체가 이 말이 다양하게 쓰이고 있다는 것을 나타내준다. 복음주의라는 단어는 독일에서는 루터교라는 의미로 쓰인다. 18-19세기 영미에서는 부흥 운동과 동일시되어 사용된다. 20세기에 들어서면서부터는 근본주의라는 뜻으로 이해되기도 한다.

그래서 나사렛교회의 역사학자이며 미국교회사학회 회장을 역임한 스미스(Timothy L. Smith)는 복음주의란 변화무쌍한 만화경 같아서 단정적으로 묘사한다는 것은 불가능하다고 주장한다.

다시 말해, 복음주의는 교회사에 나타난 여러 신학적 현상과 부흥 운동이다. 그것은 이단적인 것에 반(反)하여 정통적인 것, 로마 가톨릭 것에 반하여 프로테스탄트적인 것, 그리고 현대적 또는 자유주의적인 것에 반하여 전통적 또는 보수적인 것을 나타내고 있다.

현대 개신교 내에서도 여러 그룹이 복음주의란 용어를 명확한 기준 없이 자신들의 입장을 표현하기 위해서 사용하고 있는 형편이다.

복음주의는 복음 자체를 강조하는 표현이며, 복음주의자들이 그들의 입장을 나타내기 위해 선택한 말이다.

'복음주의적'(evangelicalism)이란 명칭은 복음으로 번역되는 헬라어 단어 유안겔리온(euangelion)으로부터 나온 것이다. 옥스퍼드 사전에 따르면 'evangelical'이란 '복음서 교훈의' 또는 '복음서 교훈에 따라'로 풀이된다. '복음주의적'이란 예수 그리스도의 복음에 의해 알려진 것을 의미하며, '복음주의 신학'은 복음서의 하나님 즉, 예수의 생애와 그의 교훈에서 계시된 하나님에 초점을 둔 신학을 말한다.

복음주의자는 하나님이 우리에게 구원자를 보내셨으며, 우리는 그리스도를 통해 하나님의 구속 은총의 수혜자가 될 수 있다는 복음에 헌신하는 자를 의미한다. 따라서 '복음주의'란 용어는 예수 그리스도를 통해 계시된 하나님의 복된 소식 즉, 복음을 보존하고 선포하려는 기독교의 역동적 운동의 중심 취지를 가장 적절하게 표현한 것이다.

맥그라스에 따르면, 그 용어가 사용되기 시작한 것은 16세기부터였다. 그것은 중세 말기 교회의 형식적 신앙에 반기를 들고 성서적 신앙 회복을 주창했던 가톨릭 저술가들을 가리키기 위해 처음 사용되었다. 개인적 구원의 경험을 강조하는 복음적 태도는 이미 15세기 후반 이탈리아의 베네딕트 수도원에서, 그리고 그것을 중시하는 영적 운동은 1520년대 이탈리아 귀족 사회에서 일어났다. 그것이 복음주의 운동의 초기 형태다.

16세기 종교개혁 시대에 복음주의는 루터교적이며 반(反)가톨릭 교회적인 것을 의미했다. 독일에서는 프로테스탄트들을 나타내기 위해 사용되었다. 16세기 중엽 가톨릭교회는 루터교의 성장에 위협을 느끼고, 칭의의 교리에 근거하여 개인적 신앙과 구원의 확신을 강조하는 루터의 복음주의적 신앙 태도를 정죄하고 금지했다.

따라서 복음주의자는 반가톨릭 교회적 루터 교인으로 이해되었다. 또한 로마 가톨릭교회는 복음주의자를 프로테스탄트로 불렀다. 17세기 중엽 명칭은 일반화되고, 복음주의자와 프로테스탄트는 거의 동의어로 사용되었다.

현대에 들어서서, 복음주의는 두 가지 의미로 사용된다. 넓은 의미의 복음주의는 18세기 대각성 운동으로부터 일어난 신앙 전통을 말한다. 좁은 의미는 그 하부 그룹인 신복음주의자들에게 사용되는 명칭이다.

2차 세계대전 이후 복음주의는 근본주의자와 차별을 드러내려는 의도에서 사용되고 있다. 1942년 미국에서 오켄가(Harold John Ockenga)의 지도로 조직된 전국 복음주의자 협회(National Association of Evangelicals: NAE)가 창립되면서 공식화되었다.

NAE는 온건한 복음주의자 그룹이었다. 흔히 신복음주의로 알려진 새로운 형태의 복음주의는 해럴드 오켄가, 칼 헨리, 빌리 그레이엄 등에 의해 주도되었다. 그들은 극단적 근본주의자들과 구별하기 위해 '신복음주의' 란 용어를 사용했다. 최근에는 '신복음주의' 대신에 간단히 '복음주의' 란 용어가 주로 사용되고 있다.

요약하면 복음주의란 다양한 의미를 지니고 항상 동일한 의미가 아니라 시대에 따라 다르게 나타난다. 또 복음주의는 어느 한 교파나 신학 노선에 국한하지 않고 초교파적인 것이 특징이다. 즉, 루터주의와 칼빈주의, 아르미안주의, 비교파적인 근본주의자 및 루터파 혹은 개혁파 신학자, 그리고 오순절주의자와 신정통주의자 등을 포괄하기에 충분한 큰 개념이다.

2) 복음주의 운동의 역사

복음주의는 성서의 메시지로부터 유래한 신학 체계인 동시에 기독교에서 일어난 독특한 운동 즉, 경건하고 헌신적인 신앙 풍토다. 복음주의는 항상 신앙 운동과 일시적으로 제휴하며 형성되었다. 종교개혁 운동, 경건주의 운동, 청교도 운동, 대각성 운동, 부흥 운동, 근본주의 운동, 성결 운동, 은사 운동 등이 그것이다. 따라서 학자들은 신학의 역사를 통해 복음주의를 기술하고 있다.

복음주의의 규범적 원천은 예수 그리스도의 복음이다. 복음주의를 신학적으로 본다면, 서방 기독교, 종교개혁 신학, 프로테스탄트 정통주의의 맥을 계승한다. 그러나 신앙 운동으로 본다면, 교회사에 나타난 여러 주요 운동에 역사적 뿌리를 두고 있다. 종교개혁 운동, 청교도 운동, 경건주의, 부흥 운동 등이다.

특히 그랜즈는 "복음주의 신학의 갱신"에서 복음주의가 같은 중심을 축으로 한 세 개의 원을 통해 일어났다고 본다. 큰 원이 종교개혁이라면, 중간 원은 청교도와 경건주의 운동이고, 작은 원은 탈근본주의 즉, 신복음주의 운동이다. 종교개혁, 청교도 운동 및 경건주의와의 관계를 중심으로 복음주의 운동의 역사적 배경을 살펴본다.

(1) 16세기 독일의 종교개혁

현대 복음주의의 첫 번째 역사적 원천은 16세기 독일의 종교개혁이다.

종교개혁은 복음의 본질을 재천명한 복음주의 운동이다. 종교개혁 시대에 독일 프로테스탄트 교회들은 복음에 대한 루터의 신앙을 강조하며 자신들을 로마 가톨릭교회로부터 구별하기 위한 수단으로 복음주의적(evangelicalisch)이란 명칭을 사용했다.

그렇지만 루터가 복음주의란 말을 사용했다는 것이 종교개혁과 복음주의와의 특별한 관계를 보증하는 것은 아니다. 왜냐하면 여기서는 프로테스탄트와 동의어로 사용된 것이며, 모든 프로테스탄트들은 복음주의에 대한 권리를 요구할 수 있기 때문이다.

종교개혁과 현대 복음주의의 관계는 그런 외형적인 것이 아닌, 내면적인 것에서 발견되어야 한다. 종교개혁 중심 주제들이 복음주의 운동의 근원과 근간이 되었기 때문이다. 종교개혁의 표어, '오직 성경(sola scriptura)', '오직 은총(sola gratia)', '오직 믿음(sola fide)'의 원리가 복음주의 정체성의 중심을 이루고 있다. 종교개혁은 복음주의의 표준이 되었다.

종교개혁이 복음주의 운동의 뿌리요, 정체성의 주요 요소이기는 하나 그 전 지평을 지배하는 것은 아니다. 종교개혁 운동은 교회 개혁에 주 관심이 있었고, 불신자를 회심시키는 복음 전도와 선교에는 큰 관심이 없었다.

반면, 복음주의는 교회 개혁보다는 회심과 복음 전도에 더 관심이 있다. 종교개혁자들은 구원을 죄와 용서라는 법적인 면에서 이해하고, 영미 복음주의자들은 성령을 통한 내적 변화를 강조하고 있다.

(2) 17세기 청교도 운동

현대 복음주의의 두 번째 역사적 원천은 17세기 청교도 운동이다. 18세기 영국의 복음주의적 부흥 운동은 청교도 운동의 토대 위에 세워진 것이며, 현대 복음주의자들도 역시 청교도의 후예들이다. 웨슬리는 자신에게 영향을 준 서적 목록에 많은 청교도 작가들의 저작들을 포함시켰다. 청교도 운동은 영국 교회 갱신 운동이었다.

청교도들은 영국의 종교개혁이 불완전하다고 평가하고 온전한 개혁을 추구했다. 그들은 성서의 권위를 강조하고 신약성서적 교회의 회복을 모토로 삼았다.

청교도 운동은 건전한 신학과 윤리적 삶에 관심을 두는 이론적이고 도덕적인 운동으로 간주되었다. 그러나 최근의 연구는 청교도들이 종교적 감정과 경험을 강조한 사실을 주목하고 있다. 청교도들은 개혁파 교회의 지적 성향과 크리스천 삶의 경험적 측면을 함께 강조했다.

청교도 운동은 칼빈주의의 선택의 교리에 의해 일어난 불안에 대응해 새로운 종류의 경건을 발전시켰다. 칼빈주의는 하나님의 선택이란 용어로 개인의 구원 문제를 표현했다. 그것은 하나님의 주권을 옹호했으나, 선택된 자로 확신할 수 있는 명확한 기준을 제시하지 못했다.

반면 청교도들은 선택의 명확한 표준을 제시했다. 그것은 하나님의 구속 은총에 대한 내적 경험이다. 따라서 그들은 구원의 주관적 증표인 중생의 체험을 강조했다. 형식적 신앙을 반대하고, 체험적 신앙을 주장했다. 미국의 초기 청교도들이 은혜 체험을 고백하는 사람만을 회원으로 받아들였던 것이 그 단적인 증거다.

복음주의가 신앙의 체험적 측면을 강조하며 중요한 특징이 된 것은 청교도 운동의 영향이었다. 또한 청교도 운동은 복음주의에 하나님의 선택에 대한 확신과 기독교 국가 건설의 환상을 제시했다.

그랜즈에 따르면, 복음주의적 영성은 청교도 운동에서 기원된다.

복음주의가 주로 영어문화권에서 성장 발전한 것은 청교도 운동의 영향과 무관하지 않다. 미국이 청교도 운동의 중심지가 되었으며 18세기 조너선 에드워즈의 목회와 저작에서 그 절정에 달했다. 그를 중심으로 한 대각성 운동과 종교 체험에 대한 그의 해석은 복음주의 운동에 큰 업적을 남겼다.

(3) 경건주의 운동

복음주의의 세 번째 원천은 경건주의 운동이다.

독일 경건주의는 사상 체계라기보다 감정의 체계이며 신학적 분위기와 종교적 부흥 운동이다. 17세기 정통주의 개신교는 종교개혁의 생명력 있는 신앙을 상실하고 형식화, 교리화되었다. 특히 루터교 정통주의는 "따뜻한 종교적 감정을 불러일으킬 수 없는 하나의 이론 체계에 불과했다."

이러한 현상에 대한 반동으로 나온 것이 경건주의이다. 경건주의의 근본 목적은 엄격한 형식과 교리에서 벗어나 생동감 있는 그리스도인의 경험을 회복하는 것이다. 따라서 종교적 감정과 경험을 강조하는 것이 그 특징이다. 의인, 중생, 성화는 교리로만 취급될 것이 아니라 실제로 체험해야 하는 것이다. 기독교는 교리가 아니라 삶이며 지식보다 오히려 실천에서 존재한다.

경건주의자들의 주관심은 개인적 신앙 즉, 자신들의 영혼 구원에 있었다. 웨슬리의 올더스게이트 체험은 경건주의자들이 그리스도인의 영적 체험을 강조한 전형적인 실례이다.

경건주의는 기독교가 신념의 체계일 뿐만 아니라 일종의 삶이라는 진리를 재발견하며, 형식화된 정통주의 기독교에 활기를 불어넣었다. 그리고 생명력 있는, 개인의 종교에 대한 욕구를 육성했다. 독일에서 시작된 경건주의 운동은 18세기 영국 교회에 큰 영향을 미쳤다. 복음주의가 종교적 경험을 강조하는 것은 경건주의 운동의 전통을 계승한 것이다.

(4) 부흥 운동

현대 복음주의의 또 다른 원천은 부흥 운동이다.

부흥 운동은 독일의 경건주의, 영국과 미국의 청교도 운동 및 각성 운동 등에 의해 18-19세기 유럽과 미국에서 일어난 광범위한 신앙 운동이다. 그것은 종교개혁적 신앙을 강화하는 영적 각성 물결이었다. 부흥 및 각성 운동의 특징은 회심 체험, 경건하고 성결한 삶, 교회 갱신, 노예 제도 폐지와 인권 향상 등 사회개혁, 봉사와 선교 등을 강조한 것이다.

1720년대 미국에서 시작된 제1차 각성 운동은 1740년대 조너선 에드워즈와 조지 휫필드(George Whitefield)의 설교를 통해 그 절정에 달했다. 영국에서는 존 웨슬리와 그의 동생 찰스 웨슬리(Charles

Wesley)를 통해 영국 교회 갱신 운동이 일어났으며 그것은 미국에서 애즈베리(Francis Asbury)에 의해 계승되었다. 제2차 각성 운동은 19세기 초 찰스 피니(Charles Finney) 등의 주도로 미국에서 일어났다.

이때의 복음주의자들은 20세기 초엽의 복음주의자들에 비해 선교에 대해 상당히 폭넓게 이해하고 있었다. 그러나 미국의 복음주의자들은 20세기 초에 엄청난 신앙의 도전을 만나게 된다. 그것이 바로 근본주의이다. 당시 미국에는 독일의 고등비평, 다윈의 진화론, 프로이트의 심리학, 마르크스주의 등의 물결이 영향을 주기 시작했다. 또 하나님 나라 건설이라는 신앙으로 참여했던 남북전쟁과 제1차 세계대전이 실효를 거두지 못했다. 그리고 기독교 안에 자유주의적 교단이 증가하면서 복음주의자들을 위협하기에 이른다.

2. 현대 복음주의 운동

1) 빌리 그레이엄 목사와 복음주의

20세기 복음주의 운동을 설명하면서 빌리 그레이엄 목사를 빼놓을 수 없다. 빌리 그레이엄 목사는 20세기 복음주의의 가장 대표적인 인물이다. 따라서 빌리 그레이엄 목사를 이해하는 것은 20세기 복음주의를 이해하는 한 가지 방법이다.

빌리 그레이엄 목사는 근본주의적 토양에서 자랐다. 그는 16세에 부흥집회에 참석해서 진정으로 복음적인 신앙을 받아들였다. 그후 그는 근본주의 계통인 밥 존스 대학과 플로리다 성서학원, 그리고 휘튼 대학에서 공부했다. 그가 전도자로서 사역에 두각을 나타내기 시작한 것은 1940년대 중반 YFC의 전임 전도자로 일하면서부터이다.

이 20대 후반의 전도자는 과거의 근본주의자들과는 달리 전후 젊은이들에게 기독교적인 삶의 가치에 대해서 매우 설득력 있게 설교했다. 그는 미국 사회의 가치관 혼란은 복음적인 원칙으로 돌아갈 때만이 해결될 수 있다고 강조했다.

1920년대 근본주의가 패배한 이래 언론들은 보수적인 기독교에 대해서 아무런 관심도 보이지 않았다. 하지만 빌리 그레이엄 목사는 다시금 보수적 기독교를 미국 대중의 관심 대상으로 만들어가기 시작했다. 하지만 이것은 아주 작은 시작에 불과했다.

빌리 그레이엄 목사를 이전의 근본주의와 구별하여 새로운 복음주의 운동의 지도자로 만든 것은 1957년 뉴욕의 매디슨 스퀘어 가든에서 열린 대집회부터이다. 원래 근본주의적인 배경에서 자란 빌리 그레이엄 목사는 진보적인 교단과 관계를 맺는 것을 꺼렸다.

하지만 그는 대도시 집회를 성공적으로 이끌기 위해서는 초교파적인 지원이 절대적으로 필요하다는 것을 알았다. 그리고 더욱 중요한 것은 그가 복음적인 메시지를 손상시키지 않고서도 초교파적인 지원을 이끌어낼 수 있다는 것을 인식했다. 결국 빌리 그레이엄 목사는 초교파적인 뉴욕 지역의 협조 아래 16주 동안에 걸친 대대적인 부흥집회를 성공적으로 마칠 수 있었다.

이 사건은 근대 복음주의 역사에 중요한 이정표가 되었다. 근본주의 연구의 권위자인 조지 말스덴에 따르면, 근본주의의 가장 중요한 특징은 비타협적인 전투적 분리주의이다. 이들의 주관심은 진보주의 그룹에서 자신을 분리시켜 순수성을 보존하는 것이다. 이 기준에 의하면 빌리 그레이엄 목사는 근본주의의 가장 중요한 원칙을 저버린 것이다.

이때부터 빌리 그레이엄 목사는 칼 매킨타이어(Carl McIntyre)나 밥 존스(Bob Jones) 같은 근본주의자들과는 다른 길을 걸어가게 되었다. 빌리 그레이엄 목사의 생각은 복음을 전하는 것이 순수성을 보존하는 것보다 더욱 중요하며, 형제끼리 사랑하는 것이 정통 교리를 지키는 것보다 더 중요하다는 것이다.

이때부터 복음주의는 전통적인 기독교의 진리에는 충실하지만 전투적인 근본주의와는 달리 복음을 전하기 위해서는 진보적인 단체와도 손을 잡는 유연성을 가진 집단으로 부각되기 시작했다.

그러나 빌리 그레이엄 목사를 중심으로 한 복음주의는 분명히 진보주의와는 다르다. 신학적으로 복음주의는 진보주의보다 정통 교리에 충실하고 보수적이다. 그러나 이것과 아울러서 정치적으로도 진보주의와는 다른 길을 걸었다. 1950년대는 냉전 시대이다. 미국은 자본주의를 대표하고 있었고 이것은 미국의 이익과 직결되었다. 여기에서 복음주의는 분명하게 자본주의 편을 들면서 공산주의를 기독교의 적으로 규정했다. 이것은 미국의 정치적인 우파와 깊은 관계를 맺게 만들었다.

이때부터 빌리 그레이엄 목사와 복음주의는 미국의 주된 정서를 대변하기 시작했다. 많은 학자들은 빌리 그레이엄 목사의 성공은 그가 미국인의 일반적인 정서를 기독교적으로 설명하기 때문이라고 설명한다. 이때부터 빌리 그레이엄 목사와 복음주의는 과거의 근본주의자들처럼 미국 사회의 변두리가 아니라 미국 사회 주류의 흐름을 타게 되었다.

이것은 미국 역대 대통령들이 빌리 그레이엄 목사를 자신의 동지로 만들기 위해서 노력해 왔고, 빌리 그레이엄 자신이 2차 세계대전 이후 계속해서 백악관의 비공식적인 종교 자문역을 해왔다는 데에서도 잘 드러난다.

빌리 그레이엄 목사와 복음주의자들의 이런 행동은 진보주의 그룹인 미국 NCC의 입장과 비교해볼 때 더욱 잘 설명된다. 2차 세계대전 이후 미국 NCC는 미국의 대외정책에 대해서 매우 비판적인 입장을 취했다. 미국 NCC는 세계교회협의회(WCC)를 통해서 제3세계의 소리를 듣기 시작했고, 이것을 미국의 외교정책에 반영하려고 노력했다.

이들은 근본적으로 냉전체제를 인정하지 않으려고 했고 사회주의에 대해서 복음주의자들처럼 부정적인 입장을 갖고 있지 않았다. 그러나 이런 진보적인 입장은 미국 사회의 주류와는 거리가 멀었고 미국의 NCC는 차츰 주류 사회의 흐름에서 유리되기 시작했다.

세계 기독교 역사에 있어서 빌리 그레이엄 목사의 또 다른 중요성은 선교에 대한 강조이다. 빌리 그레이엄 목사는 원래 전도자이다. 그의 최우선순위는 불신자에게 복음을 전하여 그들을 구원하는 것이다. 이런 빌리 그레이엄에게 세계 선교의 흐름은 매우 걱정스러운 것이었다. 이미 세계교회협의회는 전통적인 의미의 선교는 포기되어져야 한다고 주장하면서 전도의 모라토리엄을 선언했었다.

빌리 그레이엄 목사는 이런 상황에서 복음 전도를 재강조하기 위해서 1966년 독일의 베를린에서 세계선교대회를 열었다. 이 대회에는 104개국으로부터 1,200명의 대표들이 참석했다. 여기에는 선교사들, 신학자들, 교단 대표들이 포함되었다. 빌리 그레이엄 목사는 이 대회에서 전도를 위해서는 가능한 수단을 다 사용해야 한다고 강조했다. 지금 세계는 급변하고 있으며 교회는 전도를 위해서 새로운 방법을 도입해야 한다는 것이다.

그는 만일 교회가 전통적인 방법에 계속 매여 있다면 교회는 하나님의 진노 아래 있게 될 것이라고 주장했다. 그리고 아울러 선교를 위해서 전도자들은 모든 교파와 협조해야 한다고 강조했다.

빌리 그레이엄 목사는 1974년 다시 스위스 로잔에서 세계선교대회를 개최하였다. 이 대회에는 150개국에서 2,400여 명의 대표들이 참석하였다. 이 대회는 15개의 문단으로 이루어진 로잔 언약(Lausanne Covenant)을 작성했다. 내용은 복음주의적인 입장을 포기할 수 없는 가장 중요한 과제로 보며, 동시에 복음 전도와 사회 참여를 동일시하는 진보주의 입장을 반대하였다. 하지만 복음주의 교회가 사회에 대해서 깊은 관심을 가지지 못했음을 회개하면서 기독교의 사회적인 책임도 강조했다. 여기에서 우리는 복음주의가 어떻게 근본주의와 구별되며 동시에 진보주의와 구별되는가를 알 수 있다.

그러나 빌리 그레이엄 목사의 더 큰 관심은 전도에 있었다. 그는 1983년과 1986년에 네덜란드 암스테르담에서 세계 복음 전도자들을 모아서 설교 작성, 모금 방법, 전도대회 조직, 필름과 비디오테이프 등의 사용 및 전도에 관한 실제적인 문제를 교육시켰다. 첫 번째 대회에는 4,000여 명이 참석하였는데 그 중 70%는 제3세계에서

왔다. 두 번째 대회에는 전세계 173개국으로부터 9,500명이 참석했다.

흥미있는 것은 1986년의 대회에는 오순절 계통의 전도자들이 비오순절 계통의 모든 전도자들을 합한 것보다 더 많았다는 것이다. 이것은 세계 복음주의 운동에서 오순절 운동이 차지하는 위치가 점증됐다는 것을 보여 준다.

위에서 지적한 대로 빌리 그레이엄 목사는 냉전체제의 시작과 함께 등장했다. 그는 항상 자본주의와 미국을 지지했고 그것을 기독교 메시지와 거의 동일시하였다. 그런데 빌리 그레이엄 목사는 그의 생애 가운데서 냉전체제의 붕괴를 보았다. 냉전체제의 붕괴와 더불어서 그는 공산권에서 대중 집회를 갖기 원했다.

처음에 공산국가들은 빌리 그레이엄 목사가 입국하는 것을 반대했지만 점점 문이 열려 마지막에는 세계의 어떤 종교지도자도 받지 못한 환영을 받게 되었다. 그는 1988년에는 중국 베이징에서, 1992년에는 북한 평양과 러시아 모스크바에서 대규모 전도 집회를 가졌다. 빌리 그레이엄 목사가 공산권에서 대중 집회를 가졌던 목적은 물론 전도였다.

하지만 이 외에도 빌리 그레이엄 목사의 전도 집회는 그곳에서 고통 받는 세월을 보낸 기독교인들에게 세계의 기독교인들은 그들을 위해서 기도하고 있으며, 그들은 고립된 존재가 아니라는 것을 알려 주었다. 또한 공산권 국가들에 미국과 깊은 관계를 맺기 원한다면 종교의 자유를 인정해야만 한다는 사실을 분명하게 보여 주었다. 아울러 세계를 향해서 복음주의적 기독교의 위상을 분명하게 보여 주었다.

2) 로잔(Lausanne) 운동

1910년 영국 에든버러 세계 선교대회에 이어 세계선교협의회(IMC)가 조직되었고 이 운동은 1961년 세계선교협의회로 흡수되어 오늘날의 개신교 전통을 세우고 있다. 그런데 이러한 세계적인 운동에 견줄 수 있는 또 다른 운동이 있는데 바로 로잔 세계 복음화 운동이다. 이 운동은 오늘날 복음주의 계통에서 폭넓게 세계적으로 일어나고 있는 선교 운동이다.

이 운동은 1974년 7월 스위스 로잔에서 열렸던 세계 복음화 국제대회에서 그 유래를 찾는다. 로잔대회는 기본적으로 개인 구원을 강조하는 빌리 그레이엄 목사를 중심으로 하는 복음주의자들에 의해 소집되었다. 냉전체제하에서 양산되는 경제적 착취, 인권 탄압 등의 문제들을 탈냉전의 시각에서 다루어왔던 세계교회협의회를 견제하면서, 제3세계 복음주의가 독자적으로 성장하는 데 위협을 느낀 복음주의 주류의 작품인 것이다.

그러나 복음주의 주류만의 대회로는 세계교회협의회를 견제하기 힘들다는 계산 아래 주류의 복음주의는 사회 참여를 일정 부분 전략적으로 수용하면서 진보적 복음주의를 연대의 틀 속에 끌어들였다.

로잔대회는 양적으로 대단했다. 미국의 여러 독립적 선교단체 또는 초교파적 선교협의회들로 조직된 IFMA(The International Foreign Missions Association)나 미국의 NAE(National Association of Evangelicals), 그리고 빌리 그레이엄 전도협의회, 세계복음화협의회 등이 모여 로잔 운동에 함께했다. 여기에서 150여 개국 3,700여 명의 교회 지도자들이 합의하고 서명한 로잔 언약이 발표되었다.

당시는 세계교회협의회 계통의 대회를 통하여 선교신학의 양극화가 뚜렷해지고 있었으며 복음주의의 목소리는 작아지고 구원의 개념에 대해서도 신학적인 혼돈이 있었다. 세계교회협의회의 방콕 대회에서는 서방 선교사들의 모라토리엄, 곧 해외선교를 보낼 필요가 없고, 선교사도 철수하라고 제창하기에 이른다. 이런 시점에서 복음주의자들은 로잔대회의 필요성을 느낀 것이다.

로잔대회는 하나의 운동으로 어떤 조직적 통일이나 결의 기관도 아니고 단지 로잔 언약의 정신과 신학적 입장에서 세계 복음화에 뜻을 같이하는 사람들이 서로 협력하고 협력할 수 있는 기회와 계기를 제공하는 일을 담당한다.

이 대회의 공헌은 다음과 같다.

첫째, 이 대회는 복음주의적 선교단체와 개인 및 지도자들이 함께 모여 기도할 수 있는 계기를 마련했다.

둘째, 서방 선교회가 모라토리엄을 제창하며 등한시하고 있던 해외선교를 다시 한번 부각시키는 역할을 하였다.

셋째, 세계 복음화의 신학적 근거를 정리한 것이다.

이러한 로잔의 정신을 다시 이은 것이 바로 1989년 7월 필리핀의 마닐라에서 열린 제2차 국제로잔대회이다. 이 대회 역시 1차 때와 마찬가지로 많은 나라와 많은 교파가 참석한 국제대회였다. 이 대회에서 로잔 운동의 정신에 따라 세계 복음화를 성취하기 위해 세계 지도자들이 복음과 전도에 있어서 서로 그리스도의 지상명령을 새롭게 하며 세계 복음화를 위해 기도하고 협력을 같이 하도록 다짐했다. 또 급격히 변화하는 오늘의 사회와 타종교 등을 살펴 서로 검토하고 그에 따르는 신학적인 정리도 하였다.

이 2차 로잔대회의 각종 회의를 정리한 마닐라 선언은 18개국 44명의 주제 강사들이 425개의 다양한 세미나와 190개국 4,000명의 교회 지도자들이 참석하여 작성한 종합적인 요약 선언이다.

3. 복음주의와 세계 선교

20세기의 복음주의가 미래 기독교를 위해서 이룩한 가장 큰 업적이 있다면 그것은 선교이다. 1920년대 현대주의와 근본주의의 논쟁에서 근본주의가 패배한 이래 미국의 주요 교단의 선교정책은 진보주의자들에 의해서 만들어졌다.

특별히 윌리엄 호킹(William Hocking)이 1932년에 《선교의 재고》(Re-Thinking Missions)를 출판한 이후 진보주의자들은 죄를 회개하고 예수를 구주로 영접하는 전통적인 의미의 전도는 포기돼야 하고, 대신 선교사들은 그 지역의 종교들과 연합하여 도덕 증진을 위해서 노력해야 한다고 주장하였다. 결국 진보적인 교단의 선교는 점점 쇠퇴할 수밖에 없었다.

이런 현상은 많은 평신도들을 분노하게 했다. 그들은 교단의 선교정책에 분개하여 전통적인 선교 개념을 고수하는 선교단체들을 지원했다. 아울러 현지에 나가 있던 선교사들도 자신들의 소속을 보다 복음적인 단체로 옮기기 시작했다. 이렇게 해서 2차 세계대전 이후에는 복음주의적인 경향의 선교가 기존 교파의 선교를 뛰어넘어 세계 선교의 주역이 되었다.

카펜터의 연구는 1930년대부터 주요 교단의 선교가 얼마나 쇠퇴했으며 동시에 복음주의 단체의 선교가 얼마나 성장했는지를 통계적으로 보여 주고 있다. 선교에 대한 논쟁이 한창이던 1935-1936년과 2차 세계대전이 끝난 이후인 1952년 사이에 주요 교단과 복음주의 교단의 선교사 수의 변화는 매우 의미하는 바가 크다.

장로교, 성공회, 감리교 등 주요 교단들이 1935년에 7,115명의 선교사를 보냈는데 1952년에는 6,390명으로 수가 상당히 감소하였다. 여기에 비해서 복음적인 단체들은 1935-1936년에는 4,015명이었는데 1952년에는 6,146명으로 약 50%의 성장을 이루었다. 그렇게 해서 1930년대에는 복음주의 선교사가 주류 교단의 선교사의 반을 약간 넘었지만 1952년에는 거의 같은 수를 이루었다.

2차 세계대전 이후에 이런 경향은 더욱 두드러져 1985년의 통계에 의하면 NCC 관련 선교사는 4,439명인데 비해서 복음주의 선교사는 35,386명으로 성장했다. 많은 학자들은 현재 세계 선교사의 90% 이상이 복음주의 계통에서 일한다고 주장한다.

물론 2차 세계대전 이후에도 복음주의 교단의 선교는 계속 활발히 전개되었다. 그중에 가장 대표적인 경우가 남침례교회이다. 남침례교는 미국에서 가장 현대주의의 영향을 덜 받은 교파이며, 남침례교 해외선교부는 세계에서 가장 많은 선교사를 파송하고 있다. 지금 남침례교는 108개국에 3,816명의 선교사를 파송하고 있다.

남침례교를 제외하고 2차 세계대전 이후에 세계 선교를 위해서 가장 많은 투자를 하고 있는 교단들은 성결 · 오순절 교파들이다.

성결교파 가운데서 가장 선교에 열심인 단체는 심슨이 창설한 기독교연합선교회(Christian and Missionary Alliance)이다. 이들은 지금 1,214명의 선교사를 해외에 파송하고 있다.

사실 근대 세계 선교에 있어서 놀라운 변화는 오순절파의 선교이다. 하나님의 성회는 약 1,400명 이상의 선교사들을 해외에 파송하고 있다. 지금 세계 곳곳에는 성결·오순절 계통의 선교사들이 활발하게 활동하고 있으며, 이들의 활동은 미래 세계의 기독교 판도를 바꾸어 놓을 것이다. 또 한 가지 주목해야 할 것은 이런 복음주의 교파들의 선교에 대한 열정은 교파들의 성장과 맥을 같이한다는 것이다.

그러나 20세기 세계 선교에 있어서 더욱 특징적인 것은 교파와 관계 없는 신앙 선교(Faith Mission) 단체들의 등장이다. 19세기 말 관료적인 선교정책에 반대하여 오직 믿음에 근거하여 선교를 해야겠다고 해서 생긴 신앙 선교단체들은 1930년대 기존 교파들의 선교정책에 실망한 사람들로부터 큰 지원을 받게 되었다. 그렇게 해서 1930년대 이후에 급격하게 발전하여 오늘날에는 교파 선교부들을 능가하게 되었다.

이들 신앙 선교단체들은 남침례교회를 제외하고 선교사 파송 순위 2위(위클리프 성서번역회, 3,022), 3위(예수전도단, 1,741), 4위(New Tribe Mission, 1,438)를 차지하고 있다. 이 신앙 선교단체들은 근본적으로 패러 처치(para church) 구조에 속해 있다. 수많은 학생선교단체가 기존 교파들이 실패한 캠퍼스 선교를 수행하고 있는 것처럼 신앙 선교단체들도 기존 교파들이 가지고 있지 못한 역동성을 가지고 세계 선교에 임하고 있다.

복음주의 해외선교와 관련하여 언급해야 할 것이 성경학원 운동이다. 19세기 말 기존의 신학교육이 지나치게 이론 중심적이어서 현장을 제대로 파악하지 못한다고 생각한 일부 전도자들이 성경학원을 설립하여 현장사역에 중점을 둔 교육을 실시하였다. 이들 중 가장 대표적인 것이 무디성경학원이다. 그러나 점점 기존의 신학교육이 진보주의적인 경향을 갖게 되면서부터 많은 교회들(특별히 침례교회, 신생 성결/오순절 교파들, 그리고 독립교회들)은 성경학원에서 자신들의 교역자들을 찾았다.

초창기부터 성경학원들은 세계 선교에 깊은 관심을 가졌다. 그러나 1930년대부터 성경학원들은 선교사들을 배출하는 주요 교육기관들이 되었다. 뿐만 아니라 대부분의 독립선교단체들은 성경학원들을 자신들의 선교본부로 삼았으며, 이곳을 근거로 하여 모금을 하였다.

1962년에 만들어진 미국성서대학인준협회(Accrediting Association of Bible Colleges) 통계에 따르면 당시 전체 개신교 선교사의 27,000명 가운데 적어도 50%는 성경학원을 졸업한 사람들이며 이 중

2,700명 가량이 무디성경학원 졸업생이라고 한다. 지금 미국에는 약 400개의 성경학원이 있으며 이들 가운데 미국성서대학인준협회에 의해서 정회원으로 인정받은 학교는 1980년 현재 77개교이다.

이들 인준된 학교들의 평균 학생 수는 약 425명이다(인준 받은 신학대학원의 평균 학생 수는 약 300명이다). 이들 성서학원들은 미국 복음주의 운동의 뿌리가 되고 있으며 미국의 어떤 교육기관보다도 해외에 더 많은 졸업생들을 가지고 있다.

복음주의 운동이 세계 선교의 주도권을 가졌다고 하는 것은 세계교회사의 관점에서 매우 중요하다. 앞으로의 기독교는 더 이상 유럽교회가 주도하지 못하고 제3세계 교회들이 주도하게 될 것이다. 그리고 이 제3세계의 선교를 복음주의 교회들이 담당하고 있기 때문에 기독교의 미래는 복음주의가 주도하게 될 것이라고 보아도 무리가 없을 것이다.

복음주의 교회가 제3세계에서 강한 힘을 발휘하는 것은 제3세계 문화가 서구 계몽주의 문화와는 매우 다른 더욱 종교적인 문화라는 점도 지적돼야 할 것이다. 그들에게 종교는 초자연적인 힘이며, 신앙은 신비스러운 것이다. 이런 것을 상실한 진보적인 교회의 선교는 이들에게 더 이상 매력을 줄 수 없다.

특별히 이것은 성결·오순절 운동의 특색을 생각할 때 더욱 분명하다. 그들에게 신유나 종말의 메시지는 서구 사회에서보다 훨씬 더 매력적이며 성서의 내용은 이것들이 기독교의 고유한 것이라는 것을 확인해준다. 하지만 동시에 토착문화와 기독교의 구분을 흐리게 할 가능성도 있다.

2부
20세기 오순절 운동

뉴잉글랜드가 1·2차 대각성운동의 무대였고 시카고가 무디 부흥운동의 무대였다면 캘리포니아는 아주사 부흥의 진원지였다. 1906년 4월 9일 시무어의 설교에서부터 시작된 아주사 부흥은 인근 인디애나폴리스는 물론 미국 전역으로 퍼지고 유럽, 남미, 아프리카, 아시아로 확산되었다. 시무어는 방언의 은사를 성령 세례의 성경적 증거로 확신했고 방언의 은사를 전 세계 구원받지 못한 미전도종족에게 복음을 전파하시려는 언어적 은사, 하나님의 섭리로 이해했다.

사진은 2006년 4월 29일 LA 메모리얼 콜로세움 내 스포츠아레나에서 열린 '아주사 부흥 100주년 기념대회'에서 조용기 목사가 말씀을 전하는 모습이다.

1. 20세기 오순절 운동의 배경

1) 현대 오순절 운동의 배경 및 신학적 뿌리

마르틴 루터는 믿음으로 의롭게 된다는 은총만을 강조했고, 장 칼뱅은 그리스도 십자가 사건이 주는 의인화와 성화의 두 가지 은총을 말했다. 반면 웨슬리는 의인화와 은총을 제1의 축복이라고 보았고, 성화는 또 하나의 축복과 은총임을 강조하였다.

웨슬리는 성도들에게 있어서 구별된 두 가지 체험을 강조하였다. 첫째는 회심 내지 칭의로서 이는 회개한 죄인이 실제로 행한 죄악에 대해서 용서를 받고 성도가 되는 과정을 말한다. 그에게 있어서 여전히 '내적인 죄의 잔재'는 남아 있는 것이다. 이렇게 남아 있는 죄는 아담의 타락의 결과이며 이는 '두 번째 은혜'에 의해 처리되어야 한다. 그러므로 온전한 성화는 사람이 유전적으로 타고난 악한 성품까지도 제거해주는 큰 은혜이며 '두 번째 은혜'라고 보았다.

비록 웨슬리가 '은혜의 두 번째 사역'에 대한 교리를 충분히 발전시키지는 못했지만 같은 감리교 신학자인 플레처(John Fletcher)는 그의 세대주의론을 통해 오순절적 성령 운동에 가까이 접근하는 태도를 보여주었다.

이와 같이 교리적인 측면에서 볼 때 감리교 운동이 중생(또는 칭의) 이후 '은혜의 두 번째 사역'을 강조하는 것은 현대 오순절 운동이 중생 이후 성령 세례를 강조하는 것과 같은 이중 구조 즉, 중생 이후 또 다른 은혜의 사역이 있음을 강조하는 이중 구조와 맥락을 같이한다.

신학적으로 감리교 운동과 성결 운동이 오순절 운동에 중요한 영향을 끼쳤지만, 방법론적으로는 부흥 운동, 특히 미국 부흥 운동이 가장 구체적인 영향을 끼쳤다. 19세기 영적 대각성 운동(The Great Awakening) 및 각종 부흥 운동으로 이어진 미국의 부흥 운동, 특히 피니(Charles G. Finney)와 무디(Dwight L. Moody)에 의해서 주도된 부흥 운동은 미국 기독교인의 신앙의 한 형태를 형성케 했다. 즉 대각성 운동은 미국 내의 청교도적 칼빈주의 신앙에 큰 영향을 끼쳐 소위 '미국 신학의 아르미안주의화'에 크게 공헌하였다.

19세기 말경 근본주의의 영향을 받은 부흥사 무디는 미국과 영국을 돌아다니며 많은 사람에게 복음을 전하였다. 당시 복음적인 문화를 형성시켰던 주인공이자 복음 전도에 크게 헌신한 그는 세계가 그리스도께로 돌아오게 하는 방법들을 끊임없이 모색하였다. 무디와 당시 복음 전파자들은 그들이 마지막 시대에 살고 있다는 확신을 가지고 세계에 복음을 전하기 위해 힘썼다.

복음 전파를 위해 그들에게 초자연적인 능력이 필요하였는데 이러한 필요가 그들로 하여금 성경을 연구하게 하였고, 그들은 특히 성경 가운데 성령 사역에 초점을 맞추었다. 그들은 성경연구를 통해 성령 세례의 특별한 체험에서 얻어지는 영적 능력이 그들에게 매우 유용하다는 사실을 깨닫게 되었다. 그들은 이 세례가 봉사를 위한 능력으로 덧입혀지는 것임을 발견했다.

1880년대까지 무디와 그의 동료들은 봉사를 위해 능력으로 덧입혀져야 할 필요성이 있음을 사람들에게 가르쳤다. 그래서 무디와 그의 동료 토레이를 위시한 아도니람 저드슨 고든(Adoniram Judson Gordon), 앨버트 벤저민 심슨(Albert Benjamin Simpson) 등의 복음주의자들은 성령과 끊임없이 동행하는 생활을 하도록 강조하였다.

이같이 19세기 후반의 복음주의자들 중 중요한 그룹들이 봉사를 위해 능력과 성령과의 동행에 대해 강조한 것은 그들이 그리스도의 임박한 재림에 대한 기대에 부풀었기 때문이다. 성경을 연구하면서 토레이, 고든, 심슨은 성령의 새로운 사역을 강조하였는데 그리스도께서는 영적 필요뿐만 아니라 육적인 필요도 채울 수 있는 분이라고 여기고 있었다.

이들 복음주의자들은 전인 구원(영·혼·육의 구원)의 개념을 사람들에게 심어 주었으며 마지막 시기에 살고 있다고 확신하였다.

무디가 사용했던, 오순절 운동에 영향을 준 또 다른 곳은 성경연구기관이었다. 무디는 신학교에서 목사 후보생들을 가르칠 때 대중과는 거리가 먼 신학 교육을 시킨다고 보았다. 그래서 그는 이에 대한 시정책으로 실제적인 훈련 프로그램을 발전시켰다.

캐나다 출신의 심슨(A. B. Simpson)도 이와 유사한 주제와 방법으로 경건 생활을 대중화시킨 또 다른 사역자였다. 그는 뉴욕에서 독자적인 사역을 시작했는데 신유의 집, 성경연구기관 등을 이끌었으며 특히 선교에 관심을 두게 된다. 심슨은 매인(Maine)이라는 해변 캠프 운동장에서 정규적인 회의를 주관하여 열었다. 심슨의 그리스도의 사중복음에서 그리스도란 구주, 성화자, 신유자, 다시 오시는 왕을 가리킨다. 심슨의 사역은 날로 크게 확장되어 갔다.

이렇게 대각성 운동은 미국 내의 청교도적 칼빈주의 신앙에 큰 영향을 주어 소위 '미국 신학의 아르미안주의화'에 크게 공헌하였다.

감리교 운동에서 미국의 부흥 운동, 찰스 피니의 인격과 사역과 성결 운동을 잇는 선은 직접 오순절 운동에 이르는 직선으로 이어진다.

성결 운동의 신학적 중심은 그 이름과 그 웨슬리적 유산 그대로, 두 번째 체험 특히 성결적 성결로의 회심, 성화 또는 소위 완전한 사랑이다. 이 중심이 예컨대 '중생 후의 두 번째 체험' 신학을 따라오는 멋진 강조점들과 더불어 두 번째 그리스도의 체험을 '성령 세례'라고 표현한 것은 성결 운동에서 직접 온 것이다.

성결 운동에서는 오순절 운동에서 중요한 의미를 지니는 '성령 세례'라는 성경적 용어가 성화 또는 '두 번째 축복'의 체험에 대한 명칭으로 일반적으로 쓰이게 되었다. 성결 운동에 영향을 받은 사람들은 모두 '성령 세례'라는 말에 익숙하게 되었다.

웨슬리와 피니 이후 오순절 운동의 전 역사에 있어서 가장 영향력 있는 인물은 토레이라고 말할 수 있다. 웨슬리와 찰스 피니가 주장한 '은혜의 두 번째 경험' 사상이 토레이의 '성령 세례' 사상을 형성시켰으며 결국 이 사상은 20세기 현대 오순절주의자들에게 확고한 교리가 되었다. 사람이 성령으로 중생하여도 이것은 성령 세례를 받은 것이 아니며 중생은 오직 생명의 전달일 뿐이고 신자는 반드시 성령 세례를 받아야 한다는 것이다.

2) 현대 오순절 운동의 태동

19세기 말에 현대 오순절 운동의 등장을 위한 모든 무대 준비가 완료되었다. 19세기 3대 복음주의 세력인 성결 운동, 케스윅 고차원 생활 운동, 그리고 근본주의 운동 모두가 교회에 있어서 성령의 은사와 나타남을 실제적으로 보증하는 씨를 뿌렸다고 할 수 있다. 수많은 그리스도인들이 설교해 왔고, 기도했고, 열망해왔던 새로운 오순절 역사가 나타나지 않을 수 없었던 것이다.

그런데 이러한 오순절 운동을 향한 긴 발전의 과정에 있어서 놀라운 것은 성경적 오순절 체험에 있어서 은사의 중요성에는 거의 관심이 가지 않았다는 사실이다. 복음주의 그룹들에 성령 세례를 받는 것이 매우 강조되었음에도 불구하고, 초대교회에서처럼 성경 본문에 나오는 방언과 같은 체험은 거의 볼 수 없었다.

방언 한 가지만을 제외하고는 현대 오순절 운동의 모든 요소들이 1900년까지 성결 운동의 급진파들 가운데서 이미 나타났다. 1901년에 출판된 오순절 성결 운동의 최초의 《신앙 규범》(Disciple)은 믿음으로 인한 칭의, 두 번째 은혜의 역사로서의 성화, 순간적 신유, 그리고 임박한 전천년 그리스도의 재림을 포함하였다. 빠져 있는 것은 단지 세 번째의 체험 즉, 방언의 증거를 수반하는 성령 세례뿐이었다.

'방언 문제'를 다룬 책으로 대표적인 것은 토레이가 1895년에 쓴 《성령세례》이다. 확실히 그 당시 담대히 오순절 체험을 선포했던 많은 성결 운동 및 고차원 생활 운동의 교사들은 이 문제에 관심을 가졌다. 아마도 토레이의 방식이 그 당시 사람들을 대표하는 방식이었을 것이다.

성결 운동가 가운데서 오순절 경험을 성결과 분리해서 최초로 강조하기 시작한 사람은 어윈(Benjamin H. Irwin)이었다. 어윈이 성결에 이은 제3의 축복으로서 불과 성령의 세례를 주장하여 오순절 운동의 새로운 장을 열어놓았지만, 그것을 방언과 구체적으로 연결한 사람은 찰스 파함(Charles F. Parham)이었다. 물론 이전에도 방언의 역사는 많이 있었으나 방언을 성령 세례의 일차적인 증거라고 분명하게 가르친 것은 그였다.

파함을 중심으로 한 오순절 운동과 성결 운동의 근본적인 차이점은 성령 세례에 관한 것이다. 성결 운동은 성령 세례가 곧 성결 체험이라고 보았다. 하지만 파함은 중생과 성결 이후에 또 다른 성령 세례가 있으며, 이 성령 세례는 방언을 일차적인 증거로 한다는 것이다. 즉 중생, 성결, 그리고 방언으로 나타나는 제3의 축복인 성령 세례를 말하는 것이다.

초기 오순절 운동의 지도자들은 거의 다 성결 운동가들이었다. 파함의 뒤를 이어 실질적으로 오순절 운동을 전 세계적으로 확산시키는 데 결정적인 공헌을 한 사람은 흑인 성결교 설교가 시무어(William Joseph Seymour)였다. 시무어가 1906년 4월 로스앤젤레스의 아주사 거리에서 일으킨 방언 운동이야말로 오늘날의 오순절 운동의 실질적인 모체가 되었다.

그런데 시무어의 모임은 기존의 중생, 성결, 신유, 재림을 강조하는 성결 운동에 방언으로 나타나는 성령 세례가 덧붙여진 것이다. 이렇게 오순절 운동의 주요 특징인 중생, 성화, 신유, 재림은 19세기 말 근대 복음주의의 일반적인 특징을 그대로 반영하고 있는데 단지 차이점이 있다면 방언이다.

이처럼 초기 오순절 개척자들은 오순절 운동이 오랫동안 고대하던 '늦은 비'의 강림으로, 신부를 맞이하러 오시는 예수님의 재림이 임박함을 알리는 신호라고 생각했다. 또한 오순절 메시지와 체험은 모든 교회를 위한 것으로 심각한 배교의 시대에 있어서 교회의 희망이자 해답으로 보았다.

그러므로 그들의 메시지는 긍정적이고 활기에 넘치는 것이었다. 그들은 아마도 모든 기독교 종파들이 은사의 회복이라는 이 영적인 복에 기꺼이 응답하리라고 생각하였다. 그러나 그들의 단순하고 소박한 낙관주의는 곧바로 강력한 반대에 부닥치게 된다. 대부분의 오순절주의자들은 각자 속한 교단으로부터 추방당하였고, 결국 영적 예배를 드리기 위해 새 교단을 조직하게 되었다.

일반적으로 오순절주의자들은 신앙인의 삶에서 성결을 중요시한다. 웨슬리안적-성결(Wesleyan-Holiness) 전통의 오순절주의자들은 성화에 많은 강조점을 두었다. 이들은 중생만으로는 그리스도인의 완전을 위해 충분하지 않다는 것이다. 즉 영적 질병을 치유하거나 신자들 안에 남아 있는 죄를 제거하기 위해서는 영과 육의 갈등의 종결을 의미하는 성결이 필요하다는 것이다. 그 결과 성화는 성령 세례를 받기 전에 받아야 할 '은혜의 두 번째 사역'으로 인식하게 되었다.

1906년과 1914년 사이에 '두 번째 은혜의 역사'로서 성화에 대한 논쟁이 일어났다. 부흥 초기 단계인 1908년까지는 미국의 전체 오순절 운동은 3단계 구원 방식의 교리를 가르쳤다. 나사렛 교회와 다른 비오순절 성결교회들처럼 성화는 회심 후에 일어나는 하나님의 두 번째 은혜의 역사라고 하였다. 이러한 2단계(회심과 성화)에 그들은 방언이 따르는 성령 세례를 추가하였다.

그런데 문제는 많은 사람이 비웨슬리적 배경, 그 중에서도 특히 침례교들이 오순절 운동에 들어오기 시작하자 문제가 드러났다. 침례교도들은 본질적으로 개혁주의적 성화관을 지니고 있었고, 성화를 위기 체험으로 생각하지 않았다. 그들은 중생에서 시작해서 신자의 전생애에 걸쳐서 계속되는 과정으로 생각하였다.

따라서 그들에게는 구원과 성령 세례 이 두 가지 '은혜의 역사' 밖에는 없었던 것이다. 이들의 영향을 받은 더함(Durham)은 1907년 로스앤젤레스에서 성령 세례를 받은 후 이 3단계 구원 방식을 2단계 구원 방식으로 축소시켰다.

이러한 성화 논쟁의 갈등을 공공연하게 표면화시킨 사람은 더함(Durham)이었다. 그는 성결교의 근절의 가르침이 비성경적이라고 믿게 되었다. 방언의 구체적 증거가 없는 막연한 성결 체험과 '근절되었다'고 생각했는데도 옛 육적 성품의 흔적을 드러내는 자신들을 발견하고 느끼게 되는 실망으로 인해 어떤 사람들은 계속되는 논쟁에 더함을 지지하게 되었다.

시무어(William Joseph Seymour)와 같은 3단계 구원 방식을 가르치는 오순절주의자들과 더함과 같은 2단계 구원 방식을 가르치는 오순절주의자들 간에 갈등이 생겼다. 이에 대부분의 오순절 부흥 운동으로 등장하게 된 독립된 목회자들과 회중들은 더함의 '완성된 사역' 성화관을 받아들였고, 그들은 나중에 결집해서 '하나님의 성회'를 형성하였다. 남동부의 성결 오순절파 교회들과 파함의 사도적 신앙 연합들만 전통적 웨슬리안적 견해를 그대로 유지하였다.

2. 현대 오순절 운동

1) 토페카의 부흥 운동

토페카 부흥의 주인공인 감리교 목사 파함은 형식주의적이고 번영과 자만에 빠져 있는 교회를 일깨우기 위해서는 그 무엇보다도 성령의 능력 부여가 필요하다는 전형적인 성결 운동가로서 복음 사역을 위한 성령의 새로운 체험을 갈망하였다.

그는 베델 성서대학(Bethel Bible College)에 모여든 학생들에게 그들 대부분이 성령 세례라 부르고 있는 체험이 사실상 '성화' 내지는 '내주하는 기름 부음'에 불과하다고 가르쳤다. 따라서 그들의 임무는 '진정한 성령 세례'를 발견하는 것이었다.

대개 1901년 1월 1일을 오순절 운동의 출발점이라고 본다. 그 날 미국 캔자스 주의 토페카에 있는 베델 성서대학의 학생 중에 아그네스 오즈만 양은 여느 때와 같이 성경을 읽고 있었다. 묵상하는 동안 그녀는 사도행전 19장 6절에서 '손을 얹은 후 신약의 신자들이 성령을 받았던 사건'에 의해서 감명을 받았다. 충격적인 행동으로 그녀는 일어서서 그 성경의 내용을 질문하기 위해 학장인 파함(Charles F. Parham)에게로 갔다. 그는 그녀에게 짧은 기도를 했고, 그의 손을 그녀의 머리에 얹었다. 그 후에 어떤 일이 일어났는가에 대해서 오즈만은 다음과 같이 말했다.

"그가 손을 나의 머리에 얹었을 때 성령이 나에게 왔고, 나는 방언을 말했고, 하나님께 영광을 돌렸다. 나는 몇 가지 방언을 말했고, 그것은 새로운 방언임에 틀림이 없었다. 나는 기쁨과 영광이 더했고, 내 가슴은 주님의 깊은 임재를 갈망했다. 그것은 전에 내가 전혀 알지 못했던 사실이었다."

그 후 이틀 뒤 오즈만 양의 성령 세례 후 며칠 동안 간절히 기도하던 12명의 학생들이 성령으로 충만하여 성령이 말하게 하심을 따라 다른 방언으로 말하기 시작하였는데 그곳에 있었던 많은 사람들이 초대교회의 오순절처럼 그들의 머리 위에 불의 혀같이 갈라지는 것을 직접 보았다고 한다.

베델 성서대학의 40여 학생들은 최고의 권위를 지닌 성경을 토대로 철저히 연구하기 시작하여 '방언'이 성령 세례의 최초 증거라는 결론을 얻었다. 그들은 이 결론을 그대로 믿었고, 곧 직접 체험하게 되었으며, 이를 통해 오순절 운동이 시작된 것이다.

2) 아주사의 부흥 운동

파함의 제자였던 시무어는 파함이 토페카에 있던 자신의 학교를 폐쇄하고 텍사스 주 휴스턴에 세운 성경훈련학교에서 신학적 훈련을 받았다. 시무어는 성화가 곧 성령 세례라고 하는 성결 운동의 가르침은 잘못이라고 배웠으며 성화는 신자들을 깨끗하고 정결케 하는 반면, 성령 세례는 섬김을 위한 놀라운 권능을 부여하고 성령 세례의 증거는 반드시 '방언'이라고 배우게 된다.

시무어가 아주사 거리에서 설교를 시작하자마자 하나의 기념비적인 부흥이 일어나기 시작한다. 수십 명의 사람들이 '권능 아래서 쓰러졌고', 다른 여러 가지 '방언'이 나타나기 시작했다. 아주사 집회의 소식이 4월 중순쯤 로스앤젤레스 타임스지에 접수되었고, 한 기자는 그 집회를 "새로운 광신자들의 혼란스러운 광경"이라고 묘사했다.

　아주사 부흥이 지속되면서 수천 명의 사람이 호기심과 진지한 관심 속에 그 선교회로 모여들었다. 그 집회에 대한 새로운 소식이 일반 신문과 종교 신문을 통해서 전국으로 확산되었다. 그 부흥이 지속되었던 3년 반 동안 아주사 거리를 방문했던 사람들은 거의 말로 표현할 수 없는 광경들을 보았다.

　남자와 여자들은 소리치고, 울부짖고, 춤추고, 황홀경에 빠지고, 방언으로 노래하고, 자신들의 메시지를 영어로 통역했다. 가운을 입은 찬양대도, 특별한 찬송가도, 심지어는 정해진 예배 순서도 없었다. 그러나 그곳은 종교적 열정으로 가득 차 있었다. 이 모든 것의 한복판에 시무어 '장로'(Elder)가 있었다.

　그는 널빤지로 만든 강단 앞에서 성령을 갈구하는 사람들을 향해 "방언을 받으라"고 소리치며 설교했다. 다른 사람들에게는 "결단하시오! 구원, 성화, 성령세례, 혹은 신유를 간구하시오"라고 호소하기도 했다.

　1906년 여름 무렵까지 로스앤젤레스에 있는 모든 인종과 모든 국적의 사람들이 뒤섞여서 선교회로 몰려들었다. 그곳에서 인종 차별은 완전히 사라졌다. 흑인과 백인, 중국인들, 그리고 심지어는 유대인들까지 나란히 앉아서 시무어의 설교를 들었다. 마침내 한 흑인 지역교회에서 작은 부흥회로 시작되었던 것이 인종에 상관없이 전국적인 국민들의 관심사가 되었다. 누군가 "색깔을 구분 짓던 그 선은 보혈에 의해서 완전히 지워져버렸다"고 소리쳤던 것처럼, 그 예배에선 모든 인종의 완전한 하나 됨이 있었다.

1906년 내내 그 부흥회는 열기와 관심을 더해갔다. 8월에 바틀맨은 《신앙의 길》에 "오순절이 미국의 예루살렘인 로스앤젤레스에 도달했다"라고 썼다. 그 선교회에서 발간한 《사도적 신앙》에 실린 기사들에 의하면 구원받고, 성화되고, 치유받은 수많은 사람 외에도 수백 명의 사람들이 방언을 말했다고 한다. "오순절 구원의 물결이 여전히 아주사 거리 교회에 출렁이고 있다"고 그 신문은 전했다. 아주사 거리를 방문했던 사람들은 자신들의 고향으로 그 불길을 옮겨갔다.

대륙의 목사들 수백 명이 아주사에서 벌어지고 있는 일들을 자신들의 눈으로 목격하기 위해 로스앤젤레스로 모여들었다. 그들 대부분은 자신들이 본 가르침과 체험의 진정성을 확신하게 되었고, 직접 방언 같은 오순절 체험들을 하고 각자의 교회로 돌아갔다. 그곳을 방문했던 많은 사람들이 후에 제대로 갖춘 오순절 교단들을 세웠다. '로스앤젤레스를 방문한 순례자들'의 명단은 마침내 초기 오순절 운동의 지도력에 대한 믿을 만한 명부가 되었다.

아주사 거리 부흥회의 영향을 받은 가장 중요한 인물 중 한 사람은 노르웨이 감리교 목사인 바랏(T. B. Barratt)이었다. 그는 1906년

11월 뉴욕에서 오순절을 체험하고 그가 1906년 12월 오슬로에서 아주사식의 집회를 시작하자 곧 노르웨이 감리교인들과 침례교인들이 방언을 하고 '거룩한 웃음'과 '거룩한 춤'을 추게 되었다. 그는 1906년부터 사망한 1940년까지 북유럽에서 진정한 오순절 예언자로 사역하였다. 그는 스웨덴, 노르웨이, 덴마크, 독일, 프랑스, 그리고 영국에서 오순절 운동을 시작한 것으로 평가된다.

3) 신오순절 운동

20세기 중반 새로운 오순절주의자들이 나타났다. 성령 세례와 방언이라고 하는 오순절 현상이 오순절 교단을 뛰어넘어 비오순절 교회에까지 퍼졌다. 이들은 소속된 교단을 떠나지 않으면서 방언과 성령의 은사들을 추구하며 초대 교회의 신앙을 회복하고자 노력했다.

이처럼 오순절교회 밖에서 오순절주의를 따르는 자들을 '신오순절주의자'라고 불렀다. 신오순절주의자들은 점차적으로 은사 운동이란 이름으로 불리었다. 오늘날에는 이 명칭을 널리 쓰고 있다.

이 운동의 특징은 방언의 은사를 받는 데 있어 덜 감동적이고, 받고 난 후 방언을 사용하는 것도 의지에 따른다. 목회자와 전문인 계층에서 더욱 많이 나타나며, 체험보다는 성경 중심적이다. 분리주의적이지 않으며 바울의 지시를 철저히 고수하여 보다 질서 있는 집회를 열며, 방언에 대해 덜 강조한다. 감정적인 흥분이나 열광적인 광신을 피하고 성령 세례와 은사에 관심을 가지고 있다.

'방언 말함'이라는 교리에 대해서 다소 유연하고, 알코올류의 음료수를 마시는 것, 극장에 가는 것, 유흥 같은 것은 그리스도인의 성화와는 별 상관이 없다는 것이 오순절 운동과의 차이점이다. 이 운동은 정통 오순절 교단뿐만 아니라 기타 개신교에 속한 성공회, 감리교, 루터교, 침례교, 그리스도교, 장로교 등과 같은 교단들과 가톨릭이 속해 있다.

은사 운동은 비록 분열이라는 문제가 있었지만 오순절 교단 내에서의 성령 운동을 다른 교단만 아니라 가톨릭까지 확산시켰다는 데 의의가 있다. 또한 은사 운동은 교회를 황폐하게 하는 개신교 목사들과 영적으로 고갈된 평신도들에게 영적 생활의 능력이 카리스마적 증거를 수반하는 성령 세례에서 발견될 수 있다고 주장하면서 급속히 확산되었다는 것이 긍정적으로 평가된다.

이후 수년 동안 오순절 운동은 급격히 성장해 시카고, 윈니펙, 뉴욕으로 확장되었고, 1906년 이후 순복음이 미국 전역에서 발전할 수 있게 되었다. 성령 운동에 참여한 성도의 수는 교파를 초월하여 1980년 통계에 따르면 총 약 1억 5500만 명에 이르는 것으로 조사되었다. 이 조사 후 성령 운동 연구의 세계적 권위자 홀렌버거 박사는 2000년대에는 2억 3300만 명에 달할 것이라고 예상했으나 이

예상은 10년이 지나지 않아 크게 벗어나서 1995년 4억 6000만 명이 오순절 은사 운동에 참여하고 있는 것으로 나타났다.

3. 오순절 운동과 세계 선교

오순절주의자들은 오순절 성령 강림 그 자체가 이미 종말 심판의 시작임을 주목한다.

메시아의 오심과 하나님의 종말적 심판을 동시적인 사건으로 보는 것에 있어서 요한은 구약 선지자들과 같은 조망을 한다.

계시가 아직 충만하게 주어지지 않았던 구약의 시각에서는 메시아의 초림과 재림이 겹쳐져서 보였으므로 초림과 연결된 오순절 성령 강림이 재림과 연결된 최후의 심판과 겹쳐서 보였던 것이다. 또한 예수님께서는 자신이 던질 불을 자신이 받을 세례와 관련시켜 말씀하시고서 그 불이 붙은 결과를 말씀하신 것이다.

마가복음 10장 38절에서 "내가 받는 세례를 받을 수 있느냐"라고 말씀하심으로써 자신의 수난을 세례라는 말로 표현하셨다. 누가복음의 이 구절에서 주님의 말씀에 비춰보면, 오순절 성령 강림은 주님의 수난의 결과임을 알 수 있다.

이 사실에서 알 수 있는 것은 성령은 메시아에게 임하고 또한 그 백성에게 임함으로써 메시아와 백성들 공히 성령의 능력을 힘입어서 하나님의 통치가 구현되는 공동체를 이루는 것으로 해석될 수 있다.

따라서 그리스도의 영인 성령 체험을 강조하는 오순절 운동은 이미 심판이 시작된 시대에서 하나님의 나라를 구현하기 위한 전도와 세계 선교의 특별한 사명 의식에 대한 근거를 여기에서 찾는다.

위에서 살펴본 대로 성령 체험을 강조하는 것은 많은 위험 요소들을 포함하게 된다.

성화 문제에서도 성령 세례를 성화의 두 번째 축복으로 인정함으로써 신앙생활에 개인주의적이고 열광주의적인 오류를 범할 수 있는 여지를 보여준 것과 같이 종말론에서도 이미 성령이 우리에게 임하셨기 때문에 종말이 시작되었다는 임박한 종말론은 그만큼 위험 요소를 내포하게 된다.

여기서는 오순절 운동의 임박한 종말론이 가져다주는 선교의식과 역사의식을 살펴봄으로써 임박한 종말론이 가질 수 있는 위험 요소보다는 영혼 구원과 세계 선교에 이바지할 수 있는 측면으로써 오순절 운동이 하나님 나라를 확장하는 도구로 사용될 수 있는 강점을 나타내고자 한다.

오순절주의자들은 반세기 안에 전 세계를 휩쓸어버린 오순절 운동에 대해 "오순절 운동은 천만 이상의 공동체로 이루어져 해 아래 있는 거의 모든 나라에서 발견될 수 있다"고 말한다.

예를 들면, 오순절주의자들은 라틴 유럽의 프랑스, 이탈리아, 포르투갈에서 그리고 남미의 브라질, 칠레, 엘살바도르, 심지어 멕시코에서까지도 이미 가장 거대한 비로마 가톨릭 신앙단체라고 주장할 수 있게 된 것이다.

오순절주의는 다혈질적인 라틴 아메리카에서 개신교 중 가장 영향력을 행사하고 있다고 보고된다. 국제 오순절 운동의 대표적 역사가는 러시아에서 오순절 단체인 복음주의자들의 연합이 급속도로 성장하고 있으며, 중국에서는 작은 양 무리와 예수의 가족 형태의 오순절 운동이 오늘날 본토에서 가장 왕성하고 급격히 성장하고 있는 개신교 운동이라고 보고하고 있다. 중국 밖의 아시아에서는 주로 인도네시아에서 오순절 운동이 강한데 오순절 운동은 그곳에서 두 번째로 큰 개신교 공동체를 이루고 있다.

오순절 운동이 태동한 나라인 미국 역시 인상적으로 성장해 갔는데 특히 하나님의 성회의 선교에서 그렇다. 하나님의 성회는 오늘날 세계에서 가장 많은 수의 성서학교를 유지하고 있으며 미국에 하루에도 새로운 교회 하나씩을 세우고 있으며 700만 달러 이상의 선교 예산으로 750명 이상의 해외 선교사들을 보조하고 있다고 보고된다.

국제 오순절주의는 단순한 숫자로 지지자들을 보고하고 있는데 미국, 브라질, 인도네시아, 칠레, 그리고 남아프리카 순으로 많은 지지자들이 있다고 한다.

오순절 운동의 선교적 성공 이유에 대해서는 오순절주의자들은 오순절 능력의 근원으로 성령 세례에 집중하는 것이라고 설명한다.

오순절주의는 사도행전 1장 8절을 20세기의 명제로 발견했다고 믿는다. 에큐메니컬에 가입한 오순절주의자인 데이비드 듀플레시스는 1960년 스코틀랜드 앤드루에서 열린 신앙과 직제위원회에서 연설할 때 오순절 신앙에 대해서 다음과 같이 설명했다.

"오순절 부흥 운동의 성공의 근저에는 무엇이 있는가" 하는 질문이 종종 던져질 때 할 수 있는 유일한 대답이 있다. 우리는 사도적 계승보다 사도적 능력에 훨씬 더 많은 관심을 가져왔다(행 1:8). 우리는 감히 축복(성령 세례)이 임한 지 20년이 지나서도 가치가 있었던 것처럼 오순절 이후 2000년이 지난 후에도 여전히 효과가 있음을 믿는다(행 2:1-4, 19:1-6).

그리고 《역사와 현대에 있어서의 종교》라는 사전 제3판 편집을 위한 '오순절 운동의 사명'이라는 논문에서도 듀플레시스는 20세기의 가장 위대한 선교 활동의 하나로 오순절주의의 성장을 설명했다.

이러한 성장 이유는 선교사의 능력이나 교육 혹은 새로운 방법이 아니다. 단지 신약성서에 나타난 사도들의 방법을 아주 충실히 따랐다는 사실뿐이다. 새로운 모든 개종자는 용기를 얻어 성령을 영접하였고 그다음엔 예수 그리스도에 대한 증인이 되었다. 그러므로 오순절 운동의 선교사들은 반드시 어떤 특정한 교리나 신학을 심어야 했던 선교사들보다 훨씬 더 빨리 토착교회를 세우는 데 성공했다.

오순절주의자는 자기의 역사적 성공이 신학적 독특성 즉, 능력 안에 계신 성령의 체험이라고 믿는다. 오순절주의는 이러한 영적 관점에서 자기를 이해하고 사명을 이해한다. 예를 들면, 브라질에 있는 오순절 단체들은 '그들의 성장이 그들로 하여금 증거케 하시고 능력으로 확증케 하실 수 있는 성령의 능력 때문이고, 이것이 교회 성장의 비밀이다' 라는 사실을 확신한다고 한다.

오순절주의자들은 때로 단점을 의식하고 있으며 그들의 장래를 종종 이해하지 못하고 있는 것처럼 보일지도 모르지만 대부분은 하나님께서 자신들을 축복하셨으며 성취해야 할 중요한 역사적 사명을 가지고 있다는 사실을 의심하지 않는다.

그래서 도널드 기이는 오순절주의에 대해 이렇게 말했다. '열매로 그들을 알지니라' 는 완전을 요구하는 것이 아니다. 그러나 대체로 선교 사역에서 그 운동이 이뤄놓은 크고도 분명한 업적, 참 부흥 운동에 끼친 지대한 공선, 신성과 인성으로 계시는 예수 그리스도에 대한 완전한 충성심, 그의 피로 인한 우리 죄의 대속 사역의 강조 등이 이런 성령의 대역사의 약점을 이야기하는 혀와 펜을 침묵시켜야 한다."

갓 태어난 오순절주의가 경험해 온 특별한 선교적 힘 그것은 오순절주의가 60년 만에 거의 12개 나라에서 복음주의적인 다수가 되게 하고 전 세계에 두루 퍼질 수 있게 하였다. 성령 세례와 성령의 은사 속에서 체험한 황홀감 이러한 것들이 오순절주의자들로 하여금 종말이 틀림없이 가까이 왔다는 사실을 믿게 하였다. 왜냐하면 성령의 늦은 비는 추수 바로 앞에 나타나는 것이기 때문이다.

아주 강한 임박한 종말적인 사고가 애초부터 오순절 운동을 특징지었다. 그런데 그러한 경향에 대하여 어떤 이들은 오순절주의자들의 낮은 사회 경제적 수준이나 우리 시대의 위기 성격 탓으로 여겼으나 오순절주의자 자신은 이러한 경향을 성서에 대한 그들의 신실성과 예수 그리스도에 대한 사랑 때문이라고 여겼다.

오순절 운동은 교회사를 돌아볼 때 짧은 역사 속에서 꽤 성공적이다. 또한 오순절주의는 미래에 주의하면서 가까운 완성을 바라보고 있으며 각각 그 안에 성령께서 밀접히 관계돼 있음을 본다.

이것이 임박한 종말론을 기본으로 한 오순절 운동이 세계 선교에 성공하고 있는 이유이다.

3부
빌리 그레이엄 목사와 영산 조용기 목사의 부흥 운동

1954년 빌리 그레이엄의 런던 해린게이 집회는 설교의 힘과 회중들의 호응에 있어 영국 교회에 새로운 이정표를 세운 대역사로 기록된다. 그것은 지난 세기에 있었던 무디의 설교와 비견되며 새로운 전도집회의 장을 여는 획기적인 사건으로 평가된다.
-본문에서

조용기 목사에게 끼친 오럴 로버츠의 영향은 초기에만 국한되는 것이 아니라 현재까지도 이어지고 있다. …… 로버츠의 깨달음은 태평양을 건너와 조용기 목사의 가슴속에 새겨졌고, 소위 '3박자 구원'이라는 한국 용어로 바뀌어 세계 최대의 여의도순복음교회를 만들었다.
-본문에서

사진은 세계 최대의 교회로 성장한 여의도순복음교회 모습이다.

1. 빌리 그레이엄 목사의 복음주의 부흥 운동

1) 빌리 그레이엄 목사의 생애

빌리 그레이엄 목사는 1918년 11월 7일 미국 노스캐롤라이나 주 샬럿에서 조금 떨어진 농가에서 4남매의 장남으로 태어났다. 그의 본명은 윌리엄 프랭클린 그레이엄(William Franklin Graham)이지만 빌리(Billy)라는 그의 부모가 부르던 애칭이 우리에게 더 익숙하다. 그의 조부인 크룩 그레이엄은 스코틀랜드 개척자의 후손으로 남북전쟁 이후에 샬럿 근처에 300에이커의 땅을 사서 두 아들 윌리엄 프랭클린 및 클리데에와 함께 농장과 목장을 경영하여 곡물과 우유를 생산했다.

빌리 그레이엄 목사의 부친 윌리엄 프랭클린과 어머니 모로 코피는 믿음이 독실한 장로 교인들로 1916년에 결혼했다. 두 사람은 신혼 첫날 밤 호텔방 침대 옆에 꿇어앉아 앞으로의 삶을 하나님께 맡겼다고 한다.

어머니 모로는 스코틀랜드 출신으로 외할아버지 코피에게서 신앙훈련을 잘 받아 교양과 지성을 갖춘 여인이었고, 아버지 윌리엄은 할아버지 크룩 그레이엄의 거친 성품과는 반대로 성격이 유순했고 어머니는 자식들을 성경으로 교육시켰다. 목욕을 시키면서도 요한복음 3장 16절의 말씀을 들려주곤 했다. 그리고 벽에 성경구절 캘린더를 걸어놓고, 학교 갈 때나 놀러갈 때 꼭 외우고 나가도록 하였다. 또한 주일에는 아이들에게 게임이나 신문, 만화 등을 읽지 않는 금기사항도 만들어 놓았다.

그녀는 하나님께서 자신의 가족을 하나님의 일에 써주시기를 간구했다. 어떤 자질 때문에 빌리가 그토록 유능한 목사가 되었느냐는 질문을 받고 그녀는 이렇게 대답했다. "정확히는 모릅니다. 그러나 한 가지 사실만큼은 알고 있죠. 빌리가 자신의 생명을 하나님께 바쳤을 때 그는 남김없이 모두 바쳤다는 것입니다."

그레이엄은 부친이 비교적 큰 농장을 가지고 있었기 때문에 가난 속에서 성장하지는 않았다. 그러나 소년 시절에 그는 새벽 3시면 일어나서 소젖을 짜며 아버지의 일을 도왔다. 그는 결코 조용하거나 얌전한 아이는 아니었다. 학교에서나 집안에서 무척 개구쟁이였다. 그가 지칠 줄 모르고 장난을 계속하였기 때문에 부모의 손에 이끌려 병원에 간 적도 있었다. 하지만 결코 병적인 것은 아니었고 호기심과 남을 즐겁게 해주고자 하는 악의 없는 마음 때문이었으므로 크게 걱정할 일은 못 되었다.

한 친척 노인은 빌리 그레이엄에 대해 이렇게 말했다. "빌리는 난폭했고 심술궂었다. 그러나 다른 한편으로 부드럽고 온화하며 애정이 있고 이해심이 많았다. 또 매우 상냥했고 호감을 가질 수 있는 아이였다." 그레이엄의 부모는 자녀들을 엄격하게 교육시켰다. 순종을 절대 미덕으로 삼고 사랑의 매를 아끼지 않았다. 그는 학교 공부는 잘하지 못했으나 14세의 어린 나이에 100여 권의 책을 읽었는데, 특별히 역사책을 애독했다고 한다.

1934년 고등학교 상급반이었을 때 그레이엄은 몇몇 친구와 함께 샬럿에서 열린 장막부흥회(Tent-Revival Meeting)에 참석하였다. 설교자인 모더캐이 햄(Mordecai Ham)이 3개월에 걸쳐 부흥회를 인도하고 있었다. 그는 지옥의 불과 심판을 선포하는 보수적인 설교자였으나 그의 메시지는 그레이엄을 깊이 감동시켰다.

여러 날 동안 그레이엄은 자신의 생명을 예수 그리스도께 바쳐야만 한다는 솟구치는 확신과 씨름을 했다. 어느 날 밤 회심의 초대를 받자, 결국 빌리 그레이엄 목사는 앞으로 나아가 '그리스도를 위한 결단'을 내렸다.

1936년 밥 존스 대학에 입학한 그레이엄은 학교의 엄격한 환경이 지나치게 자신을 구속한다고 생각했고, 그러한 이유로 첫 학기를 마친 후 플로리다 성서신학교로 옮겼다. 그곳에서 그는 다수의 근본주의 교수들에게 영향을 받았는데, 가장 큰 영향을 준 사람은 학장이었던 존 마인더 목사였다고 한다. 이 시절 설교자가 되어야 한다는 확신이 점점 더 그의 마음을 사로잡았다.

1938년 3월 어느 날 그는 부모에게 하나님께서 자신을 설교자로

부르셨다는 편지를 써 보냈다. 그때의 일을 그레이엄은 다음과 같이 회상한다.

> 나는 무릎을 꿇고 이렇게 기도했다고 기억된다. "오 하나님, 당신이 내게 설교하기를 원하신다면 나는 그렇게 하겠습니다." 내가 예수 그리스도의 대사가 되기 위해 위대한 항복자가 되었다는 사실 때문에 뺨 위로 눈물이 흘러내렸다.

그러나 그에게는 확신이 없었다. 그는 자신의 설교 기술을 향상시키기 위해 혼자 인근 습지로 가서 나무 그루터기와 악어, 어둠을 향해 설교했다. 사람들에게 설교해 달라는 초대를 받기 시작했을 때 그는 열정적으로 유창하게 설교했다. 곧 그는 주위의 교회들에 가서 정기적으로 설교하게 되었다.

그는 주변의 여러 교회에서 부흥회를 여러 차례 인도하였다. 그레이엄은 당시 장로교인이었지만 그가 부흥회를 인도한 교회는 대부분 침례교단 소속이었다. 1938년 그는 팰래커 근방에 있는 실버 호수에서 세실 언더우드 목사에게 침례를 받고 침례 교인이 되었다. 1939년 그는 남침례교 목사로 안수를 받았다.

플로리다 성서신학교에서 공부를 끝낸 후 그레이엄은 1940년 휘튼 대학에 입학하게 된다. 충실한 학사 일정과 보수적인 신학으로 유명한 휘튼 대학은 그레이엄에게 깊은 영향을 주었다. 그는 그리스도인들이 훌륭한 교육을 받으면서도 신앙에 대한 열정을 잃지 않을 수 있다는 사실을 발견했다.

또한 그는 모든 교파 사람들에 대한 수용의 정신을 경험했다. 그가 휘튼 대학에 다니던 시절 가장 중요했던 사건은 아마도 장로교 소속의 중국 선교사의 딸인 루스 벨(Ruth Bell)과 결혼한 일일 것이다. 루스는 둘째 딸로서 외과의사인 아버지 넬슨 벨은 중국에서 오랫동안 선교 활동을 하고 있었다. 어느 날 그룹 활동 모임에서 빌리가 기도하는 소리를 루스가 옆방에서 듣고 크게 감동하였다. 그녀는 그때의 감동을 이렇게 말한다.

"나는 그와 같이 기도하는 것을 전에 누구에게서도 들은 적이 없다. 나는 어떤 사람이 하나님과 이야기하고 있구나 하고 생각했다. 나는 매우 진귀한 방법으로 하나님을 알고 있는 한 남자가 여기 있다고 생각했다."

그후 며칠이 지나 빌리가 친구의 소개로 루스를 만나자 그는 사랑에 빠졌고 이것은 루스도 마찬가지였다. 빌리는 당시를 이렇게 회상한다.

조니 스트레터가 내게 정말 예쁜 캠퍼스 퀸을 소개한 것은 어느 쌀쌀한 봄날 오후였어요. 우리는 시선이 마주쳤어요. 나는 깊은 인상을 받고 당황하여 얼굴이 빨개졌어요. 뭔가 말로는 도저히 표현할 수 없는 것이 곧장 내 마음에 와 닿았어요. 사랑의 벌레가 나를 문 거지요.

나는 꿈을 꾸고 있는 것 같았어요. 그녀가 바라는 것이라면 뭐든지 해주고 싶은 마음이었어요. 나는 그녀에 대한 생각을 하느라고 공부고 수업이고 다 잊어 버렸어요……지금 우리는 수없이 많은 날들을 결혼 생활로 보내고 있지만, 지금도 우리는 연인 사이이지요.

한편 루스도 빌리와 첫 데이트를 하고 나서 집에 돌아와 "나의 남은 생애를 빌리와 함께 주를 섬기며 보낼 수 있다면 내가 상상할 수 있는 한 가장 위대한 특권으로 생각합니다"라고 주께 말씀드렸다. 그녀는 대학 시절에 빌리가 어떤 모임이나 조그마한 교회에 파송되어 설교하는 것을 들은 소감을 나중에 이렇게 말했다.

> 빌리는 그냥 설교하는 것이 아니었어요. 자기 자신에게 얘기를 하는 것이었어요. 어딘가 다른 데가 있다는 생각이 들었어요. 그러니까 어떤 부름을 받고 있는 사람이라고 생각했어요. 처음 설교를 들었을 때에는 지금보다 말이 훨씬 크고 소리가 빨랐어요. 마치 번개에서 부족한 것을 천둥으로 메우려는 사람 같았어요.

1941년 약혼한 두 사람은 휘튼 대학을 졸업하고 1943년 8월 13일 노스캐롤라이나 주 몬트리어트에 있는 한 장로교 회의장에서 결혼했다. 이곳은 2차 세계대전의 발발로 중국에 돌아가지 못한 루스의 가족이 정착한 곳이었다.

훗날 빌리 그레이엄 부부도 이곳에 가정을 꾸몄다. 그레이엄은 많은 시간을 가정 밖에서 보냈기 때문에 루스는 다섯 아이들을 돌보는 특별한 책임을 맡고 있었다. 그녀는 그가 많은 시간 집을 비우는 것에 대해 이렇게 말했다. "온 세상 사람들은 빌리 그레이엄 목사를 풀타임(full time)으로 소유하지만 나는 그를 파트타임(part time)으로 소유하고 있습니다."

휘튼 대학을 졸업한 후 빌리 그레이엄 목사는 신학교에 다니지 않기로 결정을 내렸다. 때때로 그는 이 결정에 대해 후회하는 말을 하기도 했지만, 그는 당시 목회를 시작하고 싶은 열정이 너무나 뜨거웠다. 1943년 일리노이 주 웨스턴 스프링스에 있는 한 작은 침례교회의 목사로 부름을 받은 그레이엄은 열정을 갖고 그곳에 갔다. 첫 주일 아침예배 때 그는 불과 35명의 교인들에게 인사를 받았을 뿐이었지만 곧 그 수는 불어났다.

웨스턴 스프링스 교회의 목사로 시무하고 있는 동안 그레이엄은 '한밤의 찬양'이라는 라디오 프로그램에 출연하였다. 방송 내용은 현대인의 삶과 여러 가지 문제점, 환경들을 하나님의 말씀에 연결시켜 주는 것이었다. 그의 방송 설교는 이렇게 시작되었다. 그가 맡은 뒤 그 프로그램은 그 지방 전역에서 큰 인기를 끌었다. 훗날 그레이엄의 전도단과 라디오 목회를 위해 독창 가수로 일하게 되는 조지 비벌리시는 이 '한밤의 찬양' 시간에 활동한 독창 가수였다.

2) 빌리 그레이엄 목사의 부흥 운동

빌리 그레이엄 목사는 목회를 하면서 하나님께서 자신을 다른 곳에도 쓰시기를 원한다는 생각이 들었다. '십대 복음 선교회'에서 순회 전도자로 와달라고 하자 그레이엄은 그것을 받아들였다. 이 일을 통해 그는 처음으로 많은 대중 앞에서 설교하는 경험을 얻을 수 있었다.

1947년 그레이엄은 미네소타 주 미네아폴리스에 있는 노스웨스턴 성서학교 교장으로 초청을 받았다. 그는 자신의 부흥 전도단을 계속 유지할 수 있게 해달라는 조건으로 수락하였다. 그러나 그는 곧 학교의 교장 직을 사임하였다. 자신이 교육자보다는 목사로 부르심을 받았다는 결론을 내렸다. 그는 복음 전도자가 되어야 했다.

1949년 캘리포니아 주 로스앤젤레스에서 그레이엄은 인생을 완전히 바꿔버린 전도 집회를 인도하게 되었다. 그는 자신이 이제까지 해온 것 중에서 가장 규모가 큰 전도대회를 계획했다. 로스앤젤레스 전도대회는 몇 주 동안 평범하게 계속되었다. 그러다가 유명한 예능인인 스튜어트 햄블런과 악명 높은 암흑가의 도청자인 짐 바우스 등이 회심한 이후로 집회의 분위기와 속도가 바뀌었다. 모이는 사람들의 규모가 급속도로 커져 갔다.

윌리엄 랜돌프 허스트는 자신이 소유한 신문사들에 그레이엄에 관한 기사를 전보로 알렸다. 결과적으로 그레이엄은 전국적인 명성을 얻게 되었다. 거대한 천막이 6,400명의 결신자들로 메워지고 수백 명이 앉을 자리가 없어 서서 듣는 가운데 빌리 그레이엄 목사는 다음과 같이 외쳤다.

> 하나님의 성령이 여러분의 가슴에 믿음을 주실 때는 바로 지금입니다. 만일 하나님께서 여러분의 가슴을 믿음으로 가득 채우신다면 여러분은 '노'라고 말할 수 없을 것입니다. 지금이야말로 유일한 '결정의 시간' 입니다.

1949년은 미국이 경제적으로 부흥했으나 냉전은 최고조에 달해 공포의 먹구름이 가시지 않고 있었다. 소련의 원폭 실험 성공은 미국의 핵보유 안전을 뿌리에서부터 뒤흔들고 있었다. 스탈린은 군사력으로 그의 왕국을 확대시키고 있었으며, 중국에서는 공산주의가 전국을 휩쓸고 있었다. 미국 국민은 날로 불안하여 민주적 생활양식

인도에서 말씀을 증거하는 빌리 그레이엄

헤린게이 집회

영국에서 엘리자베스 여왕 2세,
필립 왕자의 환영을 받는 빌리 그레이엄 목사

1954년 트라팔가 광장에서
말씀을 전하는 빌리 그레이엄

사진 출처 : www.Billygraham.com

에 대해 의문을 품지 않을 수 없었다. 빌리 그레이엄 목사는 하나님의 세계 경영이라는 견지에서 당면한 문제점들을 정확히 설파했다.

로스앤젤레스 전도대회는 예정된 3주일을 8주일로 연장했다. 9,000석으로 확대된 대회장은 늘 초만원을 이루었다. 매스컴이 크게 떠들고 사방에서 찬사가 그레이엄에게 홍수처럼 쏟아졌다. 이에 대해 그는 이렇게 말했다. "나는 그런 찬사와 후대를 받을 자격이 없습니다. 전도대회는 하나님의 것이지 인간의 것이 아니기 때문입니다. 나는 명예나 명성을 원치 않습니다. 나는 그 모든 영광이 주님에게로 돌아가기를 바랍니다."

사실 빌리 그레이엄 목사는 1949년 전도대회까지만 해도 성경에 대해서 많은 의심을 하고 있었다. 그의 투쟁 일화는 너무나도 유명하다. 그는 그때의 일을 다음과 같이 회상한다.

그 해 8월 나는 로스앤젤레스 근교 산속 높은 곳에 있는 장로교 수양회관인 포레스트 홈(Forest Home)으로 초청을 받았다. 나는 오솔길을 따라 걷고, 숲속을 헤쳐 들어가면서도 하나님과 씨름하고 있었다. 나는 나의 의심들과 결투를 하였다. 나의 영혼이 질문 공세 속에 사로잡힌 듯했다. 마침내 절망하여 나는 나의 의지를 성경에 계시된 살아 계신 하나님께 복종시켰다. 나는 펼쳐진 성경 앞에 무릎을 꿇었다. 그리고 말했다. "주님, 이 책에 있는 많은 것들을 나는 이해하지 못합니다. 그러나 당신은 말씀하셨습니다. '의인은 믿음으로 살리라.' 내가 당신으로부터 받은 모든 것을 나는 믿음으로 얻었나이다. 이제 나는 믿음으로 성경을 당신의 말씀으로 받아들입니다. 내가 이해하지 못하는 것들이 있을 경우 내가 밝은 빛을 받을 때까지 판단을 보류하겠습니다. 이것이 당신을 기쁘게 한다면, 내가 당신의 말씀을 선포할 때에 내게 권위를 주소서. 그리고 그 권위를 통하여 나를 죄 있다고 선고하시고, 죄인들을 구주께로 돌아서게 하소서."

그는 이 대회 기간에 그의 목회를 변혁시킨 비결을 발견했다. 그는 성경이 참되다는 것을 입증하려고 하던 노력을 멈추었다. 그는 그의 심중에 성경이 참되다는 것을 확신하였다. 그리고 그의 이 신앙은 회중에게 전달되었다. 거듭거듭 '성경이 말씀하기를' (The Bible says)이라고 말하는 자신을 발견했다.

빌리 그레이엄 목사는 자신이 마치 하나님의 대변자인 것처럼 느껴졌다. 그는 또한 그러한 종류의 설교에는 권위가 있었음을 발견했다. 그 권위와 더불어 믿음이 생겨났고, 믿음과 더불어 응답이 나타났다. 수백 명이 응답하였다. 그 집회에 참석한 수십만 명의 사람들은 하나님으로부터 말씀을 듣는 데에 굶주려 있었다. 그는 이에 대해 다음과 같이 말한다.

"나는 내가 마치 양날이 선 칼을 손에 쥐고서 사람들을 인도하여 하나님께 복종시킬 때 성경의 능력을 통하여 사람들의 양심을 깊게 난도질 하고 있는 것처럼 느꼈다."

성경은 그의 손에서 불이 되어 불신앙을 녹여 없애버렸고 사람들을 감동시켜 그리스도께로 결신토록 했다. 그가 발견한 또 한 가지에 대하여 그는 이렇게 말한다.

"나는 재주, 웅변술, 군중에 대한 심리적 조종, 또는 적당한 예화, 또는 유명인들의 경구들에 의존하지 않아도 되었다. 나는 더욱 힘써 성경 자체만을 의존하기 시작했다. 그래서 하나님께서 복을 주셨다."

빌리 그레이엄 목사는 이러한 체험을 통하여 다음과 같은 권고의 말을 설교자들에게 해주고 있다.

당신의 설교에서 성경을 새로운 구심점으로 두십시오. 당신의 심장과 입술에 있는 불이 냉랭한 마음에 성스러운 불길을 일으켜 그들을 구원하여 그리스도의 것이 되게 할 수 있습니다. 권위를 가지고 성경을 선포하십시오. 당신은 당신의 목회에서 현저한 변화를 목격하게 될 것입니다.

그레이엄이 전국적으로 유명한 인물이 된 후 많은 사람이 그와 그의 목회에 관심을 가지기 시작했다. 사업가들이 그의 전도단을 재정적으로 다지고 광고하고 조직화하기 위해 많은 도움을 제공해 주었다. 그 같은 노력을 통해서 1950년에 '결단의 시간'이라는 라디오 방송 프로그램이 태어났다. 그해 미네아폴리스에서는 '빌리 그레이엄 복음전도협회(BGEA)'가 설립되었다. 방송 프로그램을 통한 매스컴 선교와 조직적인 전도 집회가 가능해진 것이다. 이후로 라디오뿐만 아니라 텔레비전, 영화, 잡지, 신문 등을 통하여 빌리 그레이엄 목사의 메시지가 전달되었다.

전도 집회는 계속되었다. 1954년 런던의 헤린게이 집회는 설교의 힘과 회중들의 호응에 있어 영국 교회에 새로운 이정표를 세운 대역사로 기록된다. 그것은 지난 세기 무디(D. L. Moody)의 설교와 비견되며 새로운 전도 집회의 장을 여는 획기적인 사건으로 평가된다. 약 12주에 걸친 이 부흥회를 통하여 그레이엄은 세계적인 인물로 부상하게 된다.

처칠 수상도 자신이 먼저 흥분하여 그레이엄 만나기를 고대하고 있었다. 헤린게이 집회는 빌리의 무기인 '기도와 홍보'에, 아이젠하워 대통령의 정치적인 힘이 많은 도움이 되었다. 이 집회에 대해 영국 여왕은 "그 집회에서 당신(빌리 그레이엄)은 설교를 통해 영국의 수많은 사람에게 신앙의 불꽃이 타오르도록 영적 불꽃을 일으켜 주었습니다"라는 말로 그 집회의 결과를 요약했다.

헤린게이 집회를 시작으로 그레이엄은 스코틀랜드, 베를린, 영국, 뉴델리, 도쿄에 이르기까지 복음을 전했다. 베를린에서는 동독 언론사로부터 혹독한 비난도 받았지만 그의 선교에 대한 열정은 결코 꺾이지 않았다.

두 번째 영국 방문 중에 빌리는 엘리자베스 여왕의 초대를 받았으며, 뉴델리에서는 네루 수상의 초청을 받았다. 이제 세상은 그를 한 명의 복음주의 설교자로 보는 것이 아니라, 국제적인 저명인사로 받아들였다.

1957년 뉴욕 집회에는 어느 때보다도 회중이 많았다. 연인원 235만 명을 동원하게 된 것은 매디슨 스퀘어 가든이 생긴 이후 최고의 기록이었다. 6주 만에 끝내기로 예정된 집회를 3주일 더 연장하고, 일단 집회를 마치고 나서 뉴욕 양키스 야구팀의 본거지인 양키 스타디움에서 계속 집회를 열었다. 그날은 몹시 무더웠는데도 10만 명이 넘는 군중이 모여들고 밖에서 2만여 명이 확성기에 귀를 기울였다.

1965년 교황 바오로가 방문했을 때에도 그렇게 붐비지 않았다. 빌리 그레이엄 전도협회에서는 세 번째이자 마지막 집회 연장을 결정하여 그레이엄은 10주 동안 한 번도 쉬지 않고 밤마다 설교했다. 그는 다른 일에는 관계하지 않고 낮 동안은 대개 침대에 누워 쉬었다. 때로는 강단에 기다시피 하여 올라갔다. 그때 그는 이런 말을 했다.

> 나는 이제 더 줄 것이 없다. 나는 내 정력을 다 소모했다. 내 육신을 다 써먹었다. 내 마음도 다 주었다. 그러나 나는 확신한다. 설교는 훨씬 더 힘 있게 할 수 있었다. 약함을 붙잡아 주신 이는 하나님이셨다. 그때마다 나는 비켜서서 "하나님, 당신께서 하옵소서"라고 말했다.
> 많은 밤을 나는 아무 말 할 내용도 없이 강단에 섰다. 정말 아무 준비도 없었다. 그냥 앉아 있었다. 그리고 조금 있으면 나는 설교를 해야만 한다는 사실을 잘 알고 있었다. 그때 나는 이렇게 말할 수밖에 없었다. "오 하나님, 저는 이제 못하겠습니다. 정말 못하겠습니다." 그렇지만 나는 일어서서 갑자기 말을 꺼내곤 했다. 하나님께서 주신 것이다.

마지막 집회 날에 운집한 회중을 매스컴은 20만 명으로 추산했다. 빌리 그레이엄 목사는 이런 대집회를 주재하여 찬양만 받은 것이 아니라 욕도 먹었다. 일부 비방자들은 뉴욕 집회를 가리켜 한낱 스쳐지나가는 기적에 불과하며, 막대한 노력에 비해 의미는 거의 없고 특정 기독교의 한 파를 위해 돈만 버린 선전에 지나지 않는다고 주장하기도 했다. 빌리 그레이엄 목사는 그러한 비평에 대해 이렇게 말했다.

"아무리 혹독한 비평가라 하더라도 이것이 선전이나 조직이나 쇼맨십이라고 말할 수는 없을 것이다. 하나님의 역사에는 분석과 합리화를 넘어선 요소가 있는 것이다."

1950년대 후반에 들어서면서 빌리 그레이엄 목사는 이미 국제적인 명성을 얻었고, 개신교 목회자들뿐만 아니라 세상의 많은 지도자들이 그를 찾게 되었다. 오스트레일리아와 뉴질랜드에 빌리 그레이엄 목사가 복음의 첫발을 내디딘 것은 1959년이었다. 준비 과정과 과로로 인한 건강상의 문제로 많은 어려움이 있었지만 그곳에서도 하나님의 역사는 대단했다.

멜버른 경기장에서 열린 집회는 1956년 올림픽 축구 결승 때의 관객을 능가한 14만 3000명이 자리를 메웠고, 시드니에서는 헤링게이 집회를 뛰어넘는 100만 명의 회중이 몰려왔다. 텔레비전에서는 석 달 동안 그를 마치 스타처럼 계속 보도했고, 신문, 잡지사들에서는 그에 관한 기사를 사상 최고로 많이 할애해 주었다. 라이베리아, 가나, 케냐, 나이지리아 등 아프리카 순회 집회도 그의 국제적 지위를 크게 높여주었다.

오세아니아 주와 아프리카 부흥성회를 계기로 빌리 그레이엄 목사는 세계의 유명 인사가 되었다. 미국에서는 과거 루스벨트 대통령의 인기를 능가하는 언론 매체의 호응으로 매월 그에 관한 기사들이 5,000번 이상 쏟아져 나왔다. 드디어 빌리 그레이엄 목사는 개신교의 세계적인 대변자가 되었다. 그는 이제 죄인과 술주정뱅이에서 왕과 대통령들에 이르기까지 하나님이 세우신 세계적인 복음 전도자가 되었다.

빌리 그레이엄 목사의 명성이 갈수록 높아지자 댈러스의 석유 부호인 헌트는 그에게 공화당 대통령 후보로 출마할 것을 강권하면서 선거자금으로 자신이 6백만 달러를 제공한다는 대담한 제안을 했다. 헌트는 빌리가 자신의 제안을 받아들일 것으로 생각하고 언론에 그 계획을 알렸다. 빌리 그레이엄 목사가 결정을 내리지 못하고 있을 때 몬트리트로부터 루스의 전화가 왔다.

루스는 미국인들은 이혼한 사람을 대통령으로 뽑지는 않을 것이라고 하면서 만일 정치를 위해 성직을 그만두겠다면 자신과 이혼부터 하라고 말함으로써 대통령 출마를 깨끗이 포기하게 했다. 또 1964년에는 당시 대통령이던 존슨으로부터 민주당 부통령 후보로 뛰어줄 것을 요청받았으나 역시 루스의 반대에 의해 정치에 대한 유혹으로부터 벗어나게 되었다.

복음 전도자로서 빌리 그레이엄 목사의 가장 큰 업적은 무엇보다도 '철의 장막'을 뚫고 들어간 것이라고 할 수 있다. 1967년 빌리 그레이엄 목사는 공산주의 국가로는 처음으로 유고슬라비아를 방문하여 2,000여 명의 신자들을 모아놓고 복음을 전파했다. 그때부터 빌리가 가는 곳마다 공산주의가 무너지는 하나님의 역사가 20

세기 후반에 기적 중의 기적으로 나타나기 시작했다. 이후 1977년 헝가리를 시작으로 1978년 폴란드, 1982년 소련, 동독, 체코, 1984년에 다시 소련, 1985년 루마니아, 헝가리(2차)에 복음을 전했다.

빌리 그레이엄 목사는 여기에서 다 열거할 수 없을 정도로 많은 대규모 집회를 인도했다. 그는 한국에도 잘 알려져 있는데, 1952년 6·25 전쟁의 포화가 한창일 때 그는 피츠버그 전도대회를 마치고 짧은 휴가 기간을 이용하여 우리나라를 방문했다. 그는 서울을 비롯하여 여러 곳에서 집회를 인도하고 크리스마스에는 전방에서 전쟁의 종식을 기원했으며 미군 장교와 많은 사병들 앞에서 설교했다. 당시 유엔군 총사령관이었던 클라크 장군은 그레이엄의 한국 방문이 아군의 사기를 크게 북돋아주었다고 말했다.

1956년의 두 번째 방문에 이은 1973년의 여의도 집회는 빌리 그레이엄 목사의 집회 중 가장 큰 집회로 기록된다. 5일간 300만 명 이상의 군중이 모였고, 주일 폐회 예배에는 112만이라는 엄청난 무리가 여의도 광장을 꽉 메워서 빌리 그레이엄도 깜짝 놀랐다. 한국 교회는 빌리 그레이엄 목사의 부흥회와 함께 새로운 시대를 맞이하게 되어 도움을 받던 교회에서 도움을 주는 교회로 바뀌었고, 미국 다음으로 선교사를 많이 보내는 나라로 성장했다.

이렇게 많은 집회를 하는 가운데에서도 빌리 그레이엄 목사는 고든 콘웰 신학교(1970년)를 세웠고, 〈Christianity Today〉를 발간

했으며, 월간지 〈Decision〉을 간행하여 라디오 프로그램 '결단의 시간'(방송 선교)과 더불어 문서 선교에도 힘을 기울였다.

빌리 그레이엄 목사는 건강이 좋지 않아 평생 병마에 시달렸다. 루스의 말처럼 그는 나쁜 병이란 병은 다 가지고 있었다. 그는 고혈압으로 고생했으며, 1960년부터 4번이나 폐렴을 앓았다. 시력도 1959년 망막 뒤에 혹이 생겨 오른쪽 눈이 성치 못했다. 1971년에는 오른쪽 타액선을 제거하고 담석증 때문에 두 차례 수술을 받았다. 1976년에는 혈전증과 정맥염에 걸렸고 1978년에는 간염으로 입원하기도 하였다.

그럼에도 불구하고 그토록 많은 전도 집회와 그 외의 많은 활동을 할 수 있었던 것은 하나님께서 함께하시고 도우셨기 때문일 것이다.

80년대가 끝나갈 무렵 20세기의 대부흥사 빌리 그레이엄 목사는 19세기의 유명한 부흥사 찰스 피니를 능가하는 세계적인 인물이 되었다. 순수한 복음 선포에 열정을 쏟아부은 빌리 그레이엄 목사의 선교 사역은 세계 복음화의 소중한 도구로 쓰여졌다. 이런저런 이유로 비난도 많이 받았으나, 오직 하나님의 말씀으로 세계 70여 개국 7억 명이 넘는 사람들에게 50년 가까이 복음을 전해 온 빌리 그레이엄 목사는 20세기 대표적인 복음 전도자로 평가받기에 손색이 없을 것이다.

2. 영산 조용기 목사의 오순절 성령 운동

1) 조용기 목사의 인생 역정

하나님은 이 땅의 많은 사람들 가운데 특별한 인물들을 선택하셔서 그들에게 합당한 달란트를 허락하시고 크게 들어 쓰신다.

인류 역사 가운데 수많은 인물이 그러했다. 이러한 시각에서 김성혜 사모의 고백 "목회 아닌 다른 학문을 했다 하더라도 뛰어났을 것이라 생각해요"라는 말에 많은 사람이 공감할 만큼 영산 조용기 목사는 능력 있는 인물이며 종교적 심성이 풍부한 사람이다.

중동의 한 유력 일간지는 조용기 목사를 가리켜 이 시대 영적 지도자가 가져야 할 모든 여건을 다 갖춘 지도자라고 평가했다. 타문화권에서 조용기 목사에 대해 지대한 관심을 갖는 데는 그의 삶과 목회의 길이 아주 특별했기 때문이다.

그의 인생은 이 땅의 역사와 더불어 한 편의 영화와 같다. 출생에서부터 가문의 몰락, 난치병인 폐결핵으로 사형 선고를 받고 병원에 입원, 기독교에 입교, 병의 치유, 대조동 천막에서 이름 없이 사라질 수도 있었을 그가 여의도로 출애굽, 성공하기까지 그의 인생 역정은 실로 드라마틱하다.

영산 조용기 목사는 천석꾼의 부유한 가정에서 장성한 조두천 씨와 청하골 원님의 손녀인 김복선 여사의 5남 4녀 중 장남으로 1936년 2월 14일 경남 울주군 삼남면 교통리 31번지에서 태어났다.

조용기 목사는 어려서부터 조부모와 부모의 슬하에서 자랐는데 조부모의 각별한 사랑을 받았다. 그는 어려서부터 학교 가는 길목에 공동묘지 등 음습한 주위 환경 때문이었는지 인생 문제에 많은 관심을 가지고 사색하는 소년이었다.

"내가 태어난 마을은 사람의 왕래가 뜸한 시골입니다. 한참 가야 집 한 채를 발견할 수 있을 정도로 외딴 곳입니다. 그러니 친구들이 별로 없었죠. 어린 시절 내 친구들은 새, 풀벌레, 곤충이 전부였어요. 메뚜기나 가재, 집게벌레 등은 아주 친한 벗들이었습니다."

조용기 목사는 사람 친구 대신에 자연과 벗 삼을 때가 많았다. 이런 환경은 그로 하여금 일찍 자연의 이치를 깨닫게 하였다. 특히 마을 인근에 공동묘지가 가까이 있었기 때문에 사람이 죽고 사는 문제에 대해 관심이 많았다고 한다.

그가 부산의 명문 동래중학교에 입학할 즈음 부친이 울산 갑구에서 민의원으로 입후보한 일이 있었다. 선거운동은 치열하였고 자연히 막대한 선거자금이 투입되었다. 그러나 부친은 낙선의 아픔을 겪고 말았다. 부친의 낙선으로 가세는 급격히 몰락하여 거의 빈털터리가 되다시피 하였다.

네 살 때 경남 언양군 진장 생가에서 부모님과 함께한 모습

설상가상으로 뜻하지 않은 6·25전쟁이 일어나서 소년 조용기의 가슴에는 암울하고 음습한 색채가 늘 감돌았으며 종교의 의미를 묻는 청년기를 보내게 되었다.

부산공고에 입학하여 영어에 특출한 재주를 발휘, 주위를 놀라게 했다. 1953년 2학기 어느 날 청년 조용기의 삶에 일대 획을 긋는 사건이 일어난다. 철봉대 위에서 철봉 연습을 하다가 가슴 부위를 철봉대에 세차게 부딪친 것이다. 이 일로 인하여 조용기는 몇 달 지나지 않아 폐병이라는 사형 선고를 받게 된다. 청년 조용기는 폐결핵 3기라는 불치의 중병을 앓고 집에서 요양하던 중 삶에 놀라운 전환점을 체험하게 된다.

대대로 엄격한 불교 가정에서 보수적인 훈육을 받으며 자라 온

세계적인 교회성장학자
피터 와그너 목사 가족과
함께한 조용기 목사 내외

소년 조용기가 누나의 친구이며 당시 부산 동래여고 3학년이었던 김정애의 뜻하지 않은 방문으로 기독교에 입교하게 된 것이다.

이 일이 있은 후 그는 어느 천막 부흥집회에서 '기독교 대한 하나님의 성회' 선교사 케네스 타이스 목사를 만났고, 그의 삶은 새로운 국면을 맞이했다.

의학도가 되려던 청년 조용기는 선교사 케네스 타이스의 설교 통역 일을 맡으면서 기독교 신앙에 깊이 침잠하기 시작했고 마침내 성령 체험을 통한 구원의 확신을 얻게 되었다.

그 첫 번째 성령 체험의 순간을 그는 다음과 같이 고백한다.

"그 순간이었다. 눈앞이 대낮처럼 환한데 평소 케네스 타이스 선교사가 증거하던 흰옷 입은 예수님이 광채를 발하면서 서 계신 것이 아닌가! 나는 너무나 빛나고 존엄한 예수님 앞에서 감히 얼굴을 들어 쳐다볼 수가 없었다. 황홀하면서도 두려움에 떨며 그저 머리를 깊이 파묻고 엎드려 있었다. '내가 네 병을 고쳐 줄 터이니 평생 나의 종이 되겠느냐?' 위엄 있는 주님의 음성이 떨어졌다. '네, 물론 그렇게 하겠슴더…….'"

그러자 청년 조용기는 갑자기 온 전신이 불덩이처럼 열이 나더니 잠시 후 입술이 떨리며 방언을 하기 시작했다.

청년 조용기는 이 체험 후 폐결핵을 깨끗이 치유 받았으며 마침내 의학도의 꿈을 포기하고 서울 서대문에 있던 순복음신학교에 입학하게 된다.

한국 하나님의 성회는 이전에 오순절 신앙을 가졌던 사람들을 모아서 1953년 4월 8일 용산남부교회에서 정식으로 시작하였다. 순복음신학교에 입학한 그는 곧바로 영어 실력을 인정받아 선교사들의 통역원으로 일하면서 공부하였다. 조용기 목사는 여기서 성령 체험을 하고 체계화된 오순절 신학을 배우면서 장차 평생 동역자가 될 최자실 목사를 만나게 되었다.

두 사람 모두 뜨거운 성령 운동의 바탕에 신앙의 뿌리를 두었으나 최 목사는 성령 운동의 한국적 토착화에 따른 부흥회적 형태의 요소를 지닌 반면, 조용기 목사는 성경 말씀을 기초로 말씀을 전파함으로써 성령께서 놀라운 기사와 표적을 베푸시도록 예배를 인도하였다. 이 두 사역자의 만남은 성령 운동에 좋은 조화를 이루었다. 성령의 내적 역사와 능력 행함의 외적 역사는 한국 교회사뿐 아니라 세계의 기독교사에 남겨질 세계 최대의 교회를 이루는 요인이 되었다.

2) 조용기 목사의 성령 부흥 운동

대조동 천막교회에서 여의도 교회까지의 출애굽 여정은 분명히 한국 교회, 아니 세계 교회 역사상 목회 신화로 기록될 경이적인 사건이다. 조용기 목사가 5명의 교인으로 대조동 공동묘지 옆에 천막을 치고 목회를 시작한 것은 1958년 5월 18일이었다. 이날 조용기 전도사와 평생 동역자 최자실 전도사는 서대문구(현 은평구) 대조동에 있는 공동묘지 옆의 깨밭 1백여 평의 대지에 천막을 치고 5명이 (조용기 전도사, 최자실 전도사, 최 전도사의 세 자녀) 첫 예배를 드렸다.

당시는 6·25전쟁으로 사상 유례 없는 참화를 입은 민중에게 감당할 수 없는 힘든 현실이 끝없이 이어져 서민층의 절망감이 팽배했던 시기였다. 특별히 대조동은 시골 출신의 가난한 사람들이 모인 절대 빈민층이 살던 곳이다. 그들은 절대 절망의 상태에서 먹고 사는 것 자체가 삶의 최대 문제였다. 조용기 목사는 절대 빈곤에 처해 있던 이들에게 예수를 믿고 말씀을 따라 살 때 영적 복을 받게 될 뿐만 아니라 물질적, 환경적으로 풍성한 하나님의 은혜를 누릴 수 있다는 희망의 소식을 전했다.

이 같은 조용기 목사의 전인 구원의 메시지는 고통과 고난 가운데 괴로워하던 사람들에게 큰 위안과 희망을 주었다. 그들은 이 희망의 메시지를 믿었고 그 믿음대로 하나님으로부터 오는 놀라운 복을 실제로 체험하였다. 중풍환자가 일어났으며, 술주정뱅이가 술을 끊고, 무당이 변해 신자가 되었으며, 가난에 찌든 사람들에게 복이 임하게 되었다.

이렇게 당시 조 목사의 개척교회에 모인 수많은 사람들은 조용기 목사의 살아 있는 복음에 의해 절대 절망의 상태에서 절대 희망을 가지고 새로운 삶을 살아가게 되었다.

그리고 조용기 목사는 마음속에 세계 최대교회를 세우겠다는 꿈과 비전을 갖고 나아갔다. 그 후 제2의 교회 성장기라 할 수 있는 서대문 교회로 옮긴 때는 1961년 11월이었다.

서대문으로 옮긴 이후 경이적인 성장을 거듭하여 더 이상 넘쳐나는 교인들을 수용할 공간이 없을 때 당시로서는 무모하기 그지없는 여의도로 교회를 이전한 것이 1973년 8월 19일의 일이었다. 여의도로 이전한 순복음 중앙교회는 정부의 여의도 건설 계획에 따라

순풍에 돛 단 배처럼 날로 성장하여 1979년 11월 4일 성도 10만 명 돌파 예배를 드렸으며, 1981년 12월 20일에는 '20만 성도 돌파 기념 예배'를 드리게 되었다.

순복음 중앙교회는 1973년 여의도 성전으로 이전하여 해마다 연평균 40%의 성장률을 보여왔다.

조용기 목사의 신학 형성에 가장 큰 영향을 미친 것은 미국 선교사를 통한 세계 오순절 운동이다. 조용기 목사가 기독교 신앙과 처음 접촉한 것은 그가 병중에 있을 때 누이의 친구에 의해서다. 그러나 그가 보다 본격적으로 신앙을 갖게 된 계기는 케네스 타이스(Kenneth Tice) 선교사와의 만남이었다. 그는 원래 퇴역 해병대 출신으로 네비게이토 선교사로 한국에 와서 복음을 전했다. 타이스 선교사는 통역이 필요했고, 조용기는 그의 통역이 되었다.

그 후 타이스의 소개로 부산에서 활동하던 리처드(Louis Richards) 선교사의 통역이 되었다. 리처드 선교사는 1953년부터 1967년까지 부산을 중심으로 활동하던 선교사로 세계 선교회(World Mission) 소속이었다.

1956년 청년 조용기는 서울로 올라와서 하나님의 성회 선교부가 운영하는 순복음신학교에 입학하였다. 하나님의 성회는 이전에 오순절 신앙을 가졌던 사람들을 모아서 1953년 한국에서 정식으로 복음을 전하기 시작하였다. 순복음신학교에 입학한 그는 곧 영어 실력을 인정받아서 선교사들의 통역으로 일하면서 공부하였다.

이 당시 순복음신학교에서 일하던 선교사는 스테츠(John Stets)와 존스턴(R. L. Johnston)이 있었는데 특히 조용기 전도사는 존스턴의 강의를 통역하였다. 이런 선교사들의 강의를 통역하면서 그는 오순절 신학을 배웠다.

1957년 10월 말 미국이 낳은 세계적인 부흥사인 허먼(H. Herman)이 내한하여 중앙청 앞 광장에서 24일간 부흥집회를 인도하였다. 허먼은 원래 할리우드의 사진작가로서 1951년 독일에서 집회를 가진 이래 1966년까지 24개국에서 64회의 대규모 전도집회를 이끌었다. 그의 집회는 항상 회개와 신유의 역사가 나타났.

한국에서의 부흥집회도 인산인해를 이루었고 이때 통역은 신학생 조용기가 맡았다.

조용기 전도사는 최자실 전도사와 함께 1958년 교회를 개척하였다. 조용기 목사와 선교사와의 관계는 그 후에도 지속되었다. 스테츠 선교사는 개척교회의 건축을 도와주었고, 조용기 전도사는 존스턴의 통역으로 그의 집에서 한국어를 가르쳐 주면서 기거하고 있었다.

당시 조용기 목사는 하나님의 성회와 갈등을 빚고 있었다. 이유 중 하나는 그가 빨리 큰 교회의 담임이 되었기 때문이다. 또 하나는 조 목사의 신유사역에 대한 반대가 있었다. 당시 한국 오순절교회는 분열 직후 순복음신학교에 적당한 교수가 없어서 다른 교파에 속한 사람들이 와서 강의를 하였고, 그들 중에는 신유를 부정하는 사람들이 있었다. 여기에 영향을 받은 사람들이 신유를 반대한 것이었다.

이 때문에 조용기 목사는 교단으로부터 목회 자격을 박탈당하였고 그의 교회는 독립교회가 되었다. 이때 그에게 입영 영장이 나왔다. 조용기 목사는 선교사들에게 도와달라고 요청했지만 그들은 거부했다. 이 당시 교단의 목사들이 천막교회에서 신유집회를 한다는 이유로 조용기 목사를 비난하고 있었으며 이것으로 인해서 천막교회를 도울 수 없다는 것이었다.

이때 그를 돕겠다고 나선 사람이 헐스톤 선교사였다. 그는 조용기 목사 대신 개척교회를 돌보아주었다. 헐스톤은 개척교회만 도와준 것이 아니었다. 당시 낙심하고 있던 조용기 목사에게 세계적인 오순절운동을 소개해주었다. 조용기 목사는 헐스톤에게 신유 사역을 계속해야 할지 여부를 물었다. 헐스톤 선교사는 조용기가 강조하는 신유의 복음은 결코 잘못이 아니며, 이것은 지금 세계적으로 널리 확산되고 있는 것이라고 하면서 서부 아프리카에서 일어나고 있는 신유운동을 소개해 주었다.

그리고 두 사람은 함께 신유사역을 계속하였다.

또한 헐스톤은 조용기 목사에게 세계적인 신유운동가인 오럴 로버츠 목사를 소개해 주었다. 조용기 목사는 신유사역에 관한 글들

오럴 로버츠(왼쪽), 로버트 슐러 목사와 함께한 조용기 목사

을 열심히 읽었다. 이 당시 받은 영향에 대해서 그는 이렇게 말하고 있다.

> 나는 선교사들에게서 받은 오럴 로버츠 목사님의 저서들을 통해 많은 영향을 받았습니다. 내가 그 책들에 심취했을 때 그 내용들은 실제로 나의 사고 속에 용해되어 꿈과 소망을 북돋워주었습니다. 주된 내용은 '하나님의 기적'이 문제의 해결이라는 것입니다.
> 목회 초기 나의 꿈은 오럴 로버츠 목사님처럼 되는 것이었습니다. 그래서 나는 그와 같이 된 모습을 그리면서 그의 책을 읽었습니다. ······ 나는 빌리 그레이엄 목사님의 메시지를 상당히 좋아했지만 여전히 나의 사명은 이 시대의 사람들에게 말씀을 증거하고 예수 그리스도의 병 고

북한 최고인민회의 김영남 상임위원장과 함께한 조용기 목사

침의 은혜를 전하는 것이라고 믿고 있습니다. 그래서 나는 계속해서 TV로 오럴 로버츠 목사님이 설교하시는 모습을 지켜보면서 말했습니다. "하나님, 성령으로 충만하게 하옵소서. 제가 오럴 로버츠 목사님처럼 설교하고 말하고 신유의 역사를 나타나게 하옵소서."

조용기 목사에게 끼친 오럴 로버츠의 영향은 초기에만 국한되는 것이 아니라 현재까지도 이어지고 있다. 특별히 조용기 목사가 오럴 로버츠에게서 영향을 받은 것은 그의 유명한 3중 축복이다. 조용기 목사는 자신의 3중 축복이 오럴 로버츠에게서 영향을 받은 것임을 분명하게 밝히고 있다. 오럴 로버츠의 자서전《기적을 기대하라》한국어판 추천의 글에서 조용기 목사는 그에 대해서 다음과 같이 말하고 있다.

나에게는 국내외적으로 많은 믿음의 동역자가 있습니다. 그 중에서도 오럴 로버츠 목사님은 내가 사랑하는 동역자 중의 한 분이며 선배가 되십니다……개인적으로 나는 오럴 로버츠 목사님으로부터 많은 도전을 받았으며, 그분께서 늘 강조하시던 "사랑하는 자여 네 영혼이 잘됨과 같이 네가 범사에 잘되고 강건하기를 내가 간구하노라"(요삼 1:2)는 말씀은 내 목회사역에 큰 힘을 더하여 준 말씀이 되었습니다……나는 오럴 로버츠 목사님을 진심으로 사랑합니다. 그분은 항상 나의 목회 사역과 삶에 깊은 관심을 가지고 기도해주시며 격려를 아끼지 않으신 분입니다.

로버츠는 젊은 시절 신유사역에 대해 회의에 빠진 적이 있었다. 이때 그에게 우연히 다가온 말씀이 요한3서 1장 2절이었다. 이 말씀을 통하여 그는 예수님이 영·혼·육의 온전한 구원을 이루어 주신다는 것을 확신하게 되었다. 이것은 그의 사역에 새로운 전기가 되었다. 뿐만 아니라 로버츠의 깨달음은 태평양을 건너와 조용기 목사의 가슴속에 새겨졌고, 소위 '3박자 구원'이라는 한국 용어로 바뀌어 세계 최대의 여의도순복음교회를 만들었다.

1960년대부터 조용기 목사는 세계 오순절 운동에 더 적극적으로 참여하게 되었다. 그는 1964년 한국 하나님의 성회의 대표로서 미국 하나님의 성회 50주년 기념식에 참여했다. 이제 그는 국제적인 무대에 서게 된 것이다. 그 후 그는 2개월 동안 미국 전역을 돌며 집회를 인도하였다. 이어서 1967년 5월에는 세계오순절총회에 아시아 대표로 참석하였으며, 그 뒤 100일 계획으로 전 세계를 다니며 집회를 인도하였다. 1966년에는 한국 하나님의 성회 총회장이 되었고, 그 후 세계 오순절 세계협의회에 고문이 되었다.

1969년에는 하나님의 성회 동북아시아대회를 한국에서 유치하였다. 이때 아시아의 지도자들뿐만 아니라 미국 하나님의 성회 총회장 짐머만, 선교부장 호건과 같은 지도자들도 참석하였다. 이런 것을 통하여 조용기 목사의 활동무대는 전 세계로 넓혀졌다.

조용기 목사는 1973년 순수한 한국 교인들의 힘으로 여의도에 한국 최대의 교회당을 지었다. 이것을 기점으로 그의 사역은 더욱 세계 오순절 운동과 유대가 깊어졌다. 조용기 목사는 여의도 순복음교회 준공예배에 맞추어 제10차 세계 오순절대회(Pentecostal World Conference)를 유치하였다. 이 대회는 전 세계의 오순절 신자들이 모이는 것으로 3년마다 한 번씩 열린다. 그리고 대회를 마무리하는 날 여의도 순복음교회 헌당예배를 드렸다. 이것을 통하여 세계 오순절대회에서 차지하는 조용기 목사의 위치는 더욱 분명해졌다.

하지만 조용기 목사와 여의도 순복음교회는 1980년대에 들어서면서 시련을 맞았다. 급격한 성장으로 전통적인 한국 교단들로부터 일종의 시기의 대상이 된 조용기 목사는 신학적 논쟁에 휘말린 것이다. 한국의 대 교단인 대한예수교장로회 통합측은 그들의 입장에서 순복음교회의 신학을 문제 삼기 시작했고, 여기에 호응하여 하나님의 성회에서는 그를 제명하려고 하였다.

이 문제에 대해서 당시 하나님의 성회 동양선교부 부장이었던 헐스톤 목사는 조용기 목사에게 문제될 것이 없다는 입장을 발표하며 화해를 종용했으나 성공하지 못했다. 이런 상황에서 1981년 조용기 목사는 하나님의 성회를 탈퇴하고 독립교회가 되면서 교회의 이름도 여의도순복음교회로 바꾸었다.

하지만 1984년 1월에 방한한 미국 하나님의 성회 총회장이었던 짐머만의 충고를 받아들여 예수교대한하나님의 성회라는 새로운 이름으로 교단을 구성하여 하나님의 성회에 복귀하였으며, 1991년에는 하나님의 성회 양측이 다시 통합했다. 이 통합으로 하나님의 성회는 한국의 대 교단으로 발전하게 되었다.

조용기 목사가 세계 오순절 운동에 깊이 참여하고 있다는 것은 1992년 9월 노르웨이 오슬로에서 열린 제16차 세계 하나님의 성회 대회에서 세계 하나님의 성회 연합회 총회장으로 선출된 사실에서도 잘 나타난다. 전 세계 하나님의 성회는 60개국에 약 3000만 명의 신자를 가지고 있는 최대 오순절 단체이지만 국제적으로 단일기구가 없었는데 1992년 연합회를 만들고 초대 회장에 조용기 목사가 선출되었다.

그리고 제1차 세계대회를 1994년 한국 주최로 개최하였다.

하지만 조용기 목사는 전통적인 오순절 운동의 범주에 머물러 있지 않았다. 미국의 오순절 운동은 전통적인 오순절 교단을 넘어서서 확산되었고, 이것을 우리는 카리스마 운동이라고 부른다. 조용기 목사는 한편으로는 오순절 교단에 속해 있으면서도 동시에 교단을 넘어서서 카리스마 운동에도 깊이 참여하고 있다.

조용기 목사의 국제적인 활동은 복음주의 운동으로 확산되었다. 이것은 1981년 그가 미국 복음주의연합회(NAE)와 종교방송연합회(NRB)가 연합하여 만든 대회에 강사로 초청된 데서도 잘 드러나고 있다. 이것은 조용기 목사의 신학과 목회자가 복음주의자들에 의해서 인정받았다는 것을 의미한다.

조용기 목사는 1982년 12월, 성도 20만 명 달성 기념예배를 드렸다. 이때 강사로 초청된 사람이 바로 미국의 국제 순복음실업인회의 창립자이며 지도자인 샤카리안(Demos Shakarian)이었다. 그는 오럴 로버츠의 영향을 받아서 성령의 은혜를 사모하는 실업인들을 모아서 이 단체를 만들었는데 오순절 운동을 넘어서서 초교파적으로 활동하였다. 이것은 카리스마 운동에 큰 공헌을 하였다.

전통적인 오순절 집회가 텐트에서 이루어졌다면 이 운동은 주로 호텔을 빌려서 집회를 가졌다. 또한 이 모임은 신유와 축복을 강조하는데, 가장 많이 초청되는 강사는 바로 해긴(Kenneth Hagin)과 같은 신앙 운동(Faith Movement)에 속한 사람들이다.

조용기 목사의 세계적인 명성은 그가 존경하던 오럴 로버츠 목사의 주목을 받게 되었다. 1986년 오럴 로버츠 목사는 조용기 목사로 하여금 "국제 은사주의 성경사역"(International Charismatic Bible Ministries, ICBM)이라는 새로운 기구의 세계 총재를 맡도록 권유하였다. 몇 년 동안 조용기 목사는 ICBM의 연례 모임에 참석하였으나 계속 늘어가는 사역의 짐으로 더 이상 참석하는 것이 어렵게 되었다.

이 기간에 조용기 목사는 세계를 돌아다니며 부흥집회를 인도하였는데 수많은 사람이 그의 집회에 모여들었다. 아프리카의 어떤 집회에서는 20만 명의 사람들이 모여들었고, 인도 집회에서는 50만 명의 대 군중을, 브라질에서는 150만 명이 넘는 군중이 참여하는 대기록을 세우기도 하였다. 그는 또한 유럽, 아시아, 북아메리카 등지에 많은 교역자 집회의 강사로 초빙되기도 하였다.

1994년 10월 조용기 목사는 국제 하나님의 성회가 기도와 전도의 세계 복음화를 위한 프로그램을 위해 여의도순복음교회에서 모였을 때 '역사상 가장 큰 집회'를 주관하였다. 집회가 절정에 이를 때는 100만 명의 사람들이 모여서 뜨겁게 기도했다. 이것은 세계 오순절과 은사 운동 가운데 한국 교회의 중요성을 인식시킨 계기가 되었고, 조용기 목사는 하나님의 성회의 총회장이 되었다.

많은 학자들은 조용기 목사가 신앙 운동가들에게 영향을 받았다고 지적한다. 조용기 목사가 언제 어떻게 신앙 운동가들과 관계를 맺었는지는 분명하지 않다. 하지만 우리가 조용기 목사의 사상이 어떻게 형성되었는지를 살펴본다면, 조용기 목사와 신앙 운동과의 관계를 유추하는 것은 어려운 일이 아니다.

학자들은 조용기 목사가 20세기 후반의 중요한 신앙 운동가들 가운데 한 사람이라고 말한다. 또 그는 폭발적인 한국 오순절 운동을 주도해 온 인물이기도 하다.

4부
두 사람의 부흥 운동 스타일과 메시지에서 나타난 특징 비교

　빌리 그레이엄은 시대에 맞는 설교를 하는 사람으로 한 손에는 성경을, 다른 한 손에는 신문을 들고 목회하는 사람으로 알려져 있다. 이 말은 그의 설교가 동시대적이라는 것을 말하는 것이다.

-본문에서

　조용기 목사의 목회와 선교가 부흥하는 동기는 그의 사역에 나타난 성령의 강력한 임재이다. 성령은 교회성장의 주도자이며 전략가가 되신다. 조용기 목사는 성령을 모든 만민에게 부어주심으로 교회성장은 어느 곳에서나 가능하다고 확신하였다. 하나님이 그의 택하신 백성에게 성령을 물 부어주심은 온 인류를 구원코자 하시는 하나님의 뜻을 이 땅에 나타내시기 위함이다.

-본문에서

사진은 1997년 9월 브라질 깜보데마르치 군용비행장에서 열린 브라질 대성회 모습이다.
이 성회에는 150만 명이 넘는 성도들이 참여했다.

1. 빌리 그레이엄

1) 복음 전도자로서 강한 자의식

설교자란, 장 칼뱅의 말대로 말씀의 전달을 위탁받은 대사(ambassador)이다. 소중한 임무를 맡은 사자로서 보내신 분의 말씀을 순수하게 전하는 것이 그 임무의 전부이다. 그러므로 설교자란 '선택받은 존재'라고 칼 바르트를 비롯한 수많은 신학자들이 말하고 있다. 빌리 그레이엄 목사는 그 자신을 하나님이 보내신 사자 혹은 대사로 인식한다. 이것은 그의 설교자로서 강한 자아의식을 말한다.

그는 설교 속에서 여러 가지 말로 설명한 후 결국에는 그리스도를 영접하도록 말한다. 어떠한 설교에서나 그의 설교 목적은 회중을 구원의 길로 인도하는 것이다.

그는 자신의 주된 설교의 대상을 초신자나 불신자로 생각한다. 따라서 그는 대개 일차적인 수준 위에서 설교를 하지 않는다. 그는 케리그마적으로 설교한다. 거의 모든 설교에서 복음의 핵심적인 사실들을 이야기한다. 그는 자신을 복음 전도자로 규정한다. 이것은 그의 설교의 목적, 내용, 특징을 규정하는 것이다.

누가 내게 말하기를 "왜 당신은 설교를 지적으로 하지 않습니까?"라고 묻습니다. 과학자들은 말하기를 "왜 과학은 이야기하지 않느냐?"라고 합니다. 또 목사님들은 "왜 목사들을 위해서 말하지 않느냐?"라고 말합니다. 저는 전도자(evangelist)입니다. 내가 전하는 메시지는 예배당에 나오시지 않는 분들을 향하여 던지는 메시지입니다. 그렇기 때문에 제가 설교를 할 때마다 단순하게 하나님의 복음을 전해서 그 사람들이 복음을 믿을 수 있게 하는 것입니다(최후의 메시지).

2) 동시대적(同時代的)인 메시지

헨리 브라운(H. C. Brown)은 "목사가 오늘을 사는 사람들에게 설교해야 한다는 사실만큼 문제의 중요성을 생생하게 부각시키는 요소는 없을 것이다. 목사는 오늘의 세대 즉, 오늘의 문화 속에 사는 사람들에게 설교해야 한다. 목사는 이 시대와 관련을 맺어야 하는 것이다"라고 말한다. 그는 계속해서 "목사는 현재의 회중을 상대로 설교해야 한다. 현재의 회중, 그들의 문제점, 그들의 요구, 그들의 문화를 향하여 설교하지 않으면 안 된다. 바로 여기에 우리가 부인할 수 없는 설교의 진리가 있는 것이다"라고 말한다.

이것은 설교가 오늘의 상황에 맞게 행해져야 함을 강조하는 것이다. 정장복 교수는 이러한 맥락에서 설교자는 "설교의 전달 방법과 기술이 오늘의 시대와 동떨어져 있지 않은가"라는 질문을 끊임없이 자신에게 던져야 한다고 말하고 있다.

이러한 주장들에 대해 빌리 그레이엄 목사는 긍정적으로 반응하는 설교자 가운데 한 사람이다. 그는 '시대에 맞는 설교를 하는 사람'으로 '한 손에는 성경을, 다른 한 손에는 신문을' 들고 목회하는 사람으로 알려져 있다. 이 말은 그의 설교가 동시대적이라는 것을 말하는 것이다. 따라서 그의 설교는 거의가 어떤 정보를 더 듣지 않아도 정확히 그것들이 속해 있는 연대를 알아낼 수 있다. 그는 흔히 신문 기사나 텔레비전 보도, 전도 대상 지역의 관심사를 인용한다.

3) 철저히 성경에 근거한 메시지

존 낙스 교수는 설교는 반드시 하나님의 말씀인 성경에서 발상이 되고 성경만이 설교의 주된 원천이 되어야 한다고 강조하면서 다음과 같이 말한 바 있다.

> 메시지의 재원이 시대적인 사건, 문학, 철학, 정치, 이데올로기 등이 될 수는 결코 없으며 심지어 설교자 자신의 경험과 감정까지도 설교의 원천이 되어서는 안 된다. 오직 설교의 메시지는 성경에만 그 원천을 두어야 한다.

참된 설교란 하나님의 말씀을 떠나서 독자적으로 존재할 수 없다. 실질적으로 설교의 가장 기본적인 기준은 성경이다. 이러한 입장에서 성경은 '지상에서 가장 위대한 설교'라고 할 수 있다. 그러므로 설교자가 성경을 모른다거나 성경에 설교의 원천을 충실히 두지 않을 때 그 설교자가 행하는 설교는 하나님의 말씀을 선포한다고 말할 수 없다.

말씀 중심의 설교를 계속적으로 강조해 오고 있는 로이드 페리 교수는 성경과 설교의 관계를 다음과 같이 말하고 있다.

> 성경은 하나님께서 인간들에게 그 자신과 진리를 펴신 유일한 커뮤니케이션이며 진리와 빛과 능력의 가장 고귀하고 거룩한 원천이다. 그러므로 설교자가 성경을 벗어나 설교를 해야 할 이유가 없다……설교자는 하나님의 메시지를 외치는 하나님의 예언자이다……그리고 인간들이 교회를 찾아 나설 때 그들 자신과 생활에 성경의 말씀이 선포되고 해석되고 적용될 것을 기대하고 있다.

이상과 같이 하나님의 메시지를 충실히 선포해야 할 설교자는 자기 감정이나 경험 또는 지식보다 성경의 진리를 우선으로 해야 한다.

이와 같은 맥락에서 강단의 거성들은 설교 내용에 있어서 한결

같이 성경만을 기초로 삼았다고 데머레이(D.E. Demaray)는 말한다. 이 점에 있어서 빌리 그레이엄도 예외는 아니다. 그의 설교를 보노라면 그가 얼마나 성경에 기초를 두고 있는지를 확연히 알 수 있다.

그가 성경을 설교의 원천으로 삼고 있다는 것은 설교의 권위를 성경의 많은 인용구로서 강조하는 것을 통하여 알 수 있다.

또 하나 빼놓을 수 없는 것은 그의 설교 속에 어김없이 나타나는 표현 "The Bible Says(성경은 말씀하시기를)"이다. 이 표현을 통하여 알 수 있는 사실은 그가 성경 그 자체의 권위를 확신하고 있다는 것이다. 빌리 그레이엄 목사는 하나님의 말씀을 그의 설교 한가운데에 놓고 모든 논지를 하나님의 말씀인 성경으로 풀어나간다. 이러한 점을 놓고 볼 때 빌리 그레이엄 목사는 하나님의 말씀을 전하는 설교자의 모습을 보여주고 있다.

4) 친근한 카운슬링 어조의 구사

다니엘 바우만은 그의 책 《현대 설교학 입문》에서 다음과 같이 스티븐슨과 디일의 말을 인용하고 있다.

어떤 목사들은 몇 사람 안 되는 교인들을 앞에 두고 마치 2,000명의 군중 앞에 선 것처럼 설교한다. 그러나 작고한 찰스 스펄전은 2,000명을 앞에 두고도 마치 한 사람에게 개인적으로 이야기하는 것처럼 설교했다고 한다.

빌리 그레이엄 목사는 찰스 스펄전과 같이 행하고 있다. 즉 그는 수천 명 혹은 수만 명의 회중을 앞에 두고도 마치 한 사람에게 이야기하는 것같이 설교하는 능력을 갖고 있다. 물론 이때 그는 회중의 눈을 직시하며 설교한다. 회중과 눈을 마주침으로써 커뮤니케이션의 효과를 증대시키기 위해서다. 친근한 카운슬링 어조로 마치 한 사람에게 이야기하는 것처럼 말하는 것은 설교의 백미에 해당한다고 해도 과언이 아니다.

많은 사람들은 이 순간에 빌리 그레이엄 목사가, 나단이 다윗에게 "당신이 바로 그 사람입니다"라고 말하는 듯한, 곧 개인적으로 자신에게 속삭이는 것 같은 느낌을 강하게 받는다. 그로 인해 마음 속 깊은 곳으로부터 감동이 되고, 그 감동은 이내 결심으로 나타나는 것을 목격한다. 다음은 그 예이다.

오늘 저녁에 그가 머물러 서서 여러분의 음성을 들으실 것입니다. 여러분이 말하기를 이렇게 많은 대중 속에 난 하나밖에 안 되는데……그러나 예수님은 여러분을 보고 계십니다. 여러분에 대하여 다 잘 알고 계십니다. 당신의 죄를 보고 계시지만 당신을 사랑하고 계십니다. 당신을 용서해 주신다고 했습니다(북한 동포 해방을 위한 메시지).

2. 영산 조용기 목사

미국 오순절 운동의 주창자들은 오순절의 여러 주제 가운데 그리스도의 사역을 중심으로 한 4대 주제 즉, '구세주', '성결케 하는 자', '치료자', '다시 오실 자'에 '성령 세례를 주는 자'를 추가함으로써 그리스도에 대한 5대 주제를 확립하였었다.

영산 조용기 목사는 이 같은 오순절주의의 5중복음을 한국적인 상황에 토착화시켜 '성령 세례와 성화'를 '성령 충만'에 포함시키고, 예수 그리스도의 대속의 결과로 주어진 전인 구원의 축복의 개념에서 '축복'을 이끌어내어 '중생, 성령 충만, 신유, 재림, 축복'의 5중복음을 전개하였다. 그리고 이러한 5중복음을 믿고 받아들일 때 영혼, 생활, 육체의 강건함이 인간 전체의 삶에 축복으로 나타난다는 것을 믿는 것이 바로 3중축복이다.

조용기 목사는 광복 후의 혼란기, 그리고 6·25전쟁으로 인한 가난과 절망으로 지친 한국 민중에게 요한3서의 말씀인 "사랑하는 자여 네 영혼이 잘됨같이 범사가 잘되고 강건하기를 간구하노라"는 말씀에 근거하여 구원 받은 자에게 미치는 영적인 축복과 육체적인 축복, 그리고 생활과 범사에 오는 축복의 삼중성을 제시하였다.

그는 절대 빈곤에 처한 민중에게 예수를 믿고 말씀에 따라 살 때 영적인 복을 받게 될 뿐만 아니라 물질적, 환경적으로 풍성한 하나님의 은혜를 누릴 수 있다는 희망의 소식을 전했다. 다시 말해 복음은 인간의 영적 영역뿐만 아니라 물질적, 생활적인 문제도 해결해 주는, 인간의 삶 전반에 구원의 능력이 나타나는 생명의 말씀이라는 것이다.

이와 같은 3중축복의 전인 구원 메시지는 고통과 고난으로 점철된 민중에게 큰 위로와 소망을 주었다. 많은 사람은 이 메시지에 크게 도전을 받아 적극적이고 긍정적인 믿음의 삶을 살게 되었고, 그 결과 하나님으로부터 오는 놀라운 복을 실제로 체험하게 되었다.

1) 구원의 현재성의 부각- 축복의 영성

아마도 전통적으로 한국 기독교의 사랑을 받아 온 성경 속의 인물은 욥이나 고통 속에서 애통하며 부르짖는 시편 기자들일 것이다. 초기 한국 교회의 역사는 수난의 역사였다. 조선조 말엽 천주교에 가해지는 박해는 말할 것도 없고, 일본의 압제하에서 신앙인들은 계속되는 핍박 속에서 신앙을 이어왔다. 광복 이후에도 국가는 끊임없는 격랑에 시달려야 했다. 6·25전쟁으로 인한 동족상잔의

필리핀 마닐라 대부흥성회 중 마르코스 대통령 방문

아픔과 개인적인 고통, 생존을 위협하던 빈곤, 민중의 자유와 권리를 성장이라는 핑계로 억압하는 통치가 이어져 왔다.

한국 교회의 영성은 이러한 환경에 절대적 영향을 받은 "고통 가운데 얻은 은총" 같은 것이었다. 다분히 내세적이고 내면적인 메시지가 주를 이루었고, 도리어 현세적 축복, 말하자면 물질적 육체적 축복 등은 터부시되고 미신 또는 샤머니즘이나 추구하는 것으로 묵살하였다. 바로 이런 배경이 조용기 목사의 메시지를 심한 논쟁의 대상으로 만들었다고 볼 수 있다.

사회가 만성적인 빈곤에서 벗어나기 위해 발버둥치던 1960년대 조용기 목사의 설교는 순복음중앙교회에서뿐 아니라 각종 매체를 타고 믿는 자들은 물론 믿지 않는 자들에게까지 널리 퍼지게 되었

1996년 2월 11일 갈릴리 호수 남단 게마흐에서 열린
예수 탄생 2천년 기념 대축제

다. 소망과 좋으신 하나님에 대한 긍정적인 메시지가 자연히 사회적으로 무시당하는 사람들의 관심을 끌었다. 믿음의 가능성의 메시지는 하나님과 인간의 삶에 대하여 긍정적인 기대를 갖도록 격려하며 수많은 사람들이 영·혼·육의 축복을 받기에 이르렀다.

어떤 면에서 그의 설교는 긍정적, 적극적 사고의 주창자인 노먼 빈센트 필이나 그의 계승자인 로버트 슐러와 흡사했다. 그러나 하나님과 인간의 삶에 대한 조용기 목사의 긍정적인 태도는 자신의 삶의 여정에서부터 기인한 것이라고 보는 것이 옳다. 그는 사망 선고나 마찬가지인 폐결핵으로부터 기적적인 치유를 경험하였고, 이어서 헌신과 신학 공부, 6·25전쟁 이후 사회적으로 무시되고 배척된 사람들 사이에서의 개척 사역, 가난과 각종 영적인 세력의 도전, 육체적 연약함과의 오랜 투쟁 등 모두가 그의 신앙관에 획기적인 영향을 주었고 이는 그의 메시지에 그대로 나타났다. 그는 실제 삶에 구체적이고 직접적으로 간섭하고 축복하시는 하나님의 모습을 전하였다.

조용기 목사와 여의도순복음교회가 가르치는 교리들은 기본적으로 오순절주의에서 가르치는 교리들이다. 교회의 문헌으로 출판된 '교리들과 신조들'은 다음과 같은 5중복음의 메시지를 설명하고 있다. 첫째는 중생의 복음, 둘째는 성령 충만의 복음, 셋째는 신유의 복음, 넷째는 축복의 복음, 다섯째는 재림의 복음이다. 여의도순복음교회와 미국 하나님의 성회와의 차이점은 축복에 대한 항목인데, 이것은 '삼박자 축복'이라는 말로 부연되었다.

이 삼박자 축복은 영혼의 구원, 물질적 번영, 그리고 육체의 건강을 포함한다. 이 삼박자 축복은 오럴 로버츠에 의해 영향을 받고 미국의 '적극적인 믿음 운동'을 일으킨 케네스 해긴(Kenneth Hagin)과 케네스 코플랜드(Kenneth Copeland) 등에게서 영향을 받은 것이었다.

이와 같은 그의 축복의 신학은 세계 선교에서도 그 능력을 발하였다. 조용기 목사는 1995년 아프리카 케냐 선교 성회에서 소망의 설교로 희망을 전하였다. 영적으로 혼탁한 당시 케냐 사람들에게 영적으로 구원의 길을 제시해주고 샤머니즘과 무속신앙으로 병 고침 받으려는 그들에게 예수의 이름으로 병 고침을 받게 하였다.

그는 다음과 같이 설교하였다.

절망에 빠진 사람들에겐 소망이 필요합니다. 근본적으로 인간은 소망 없는 존재입니다. 사람들은 소망 없이 의미 없는 삶을 삽니다. 사람들은 죽을 수밖에 없는 소망 없는 존재들입니다. 특히 제3세계 국민은 소망 없이 가난에 허덕입니다. 사람에게 필요한 것은 소망입니다. 여러분은 소망에 대해서 설교해야 합니다. 율법적인 설교는 안 됩니다. 그들은 이미 저주 아래 있습니다. 그들은 이미 상처받은 사람들입니다. 왜 그들에게 계속 상처를 줍니까? 그들에겐 치료가 필요합니다. 그들에게 소망이 필요합니다. 그들에겐 꿈이 필요합니다. 그들에게 소망을 주십시오. 저는 제 신학을 소망의 신학이라 부릅니다. 그리고 저는 빈민가의 사람들에게 3중 축복을 설교하기 시작했습니다. 소망이 있습니다. 예수님 안에 소망이 있습니다. 느낄 수 있는 소망, 성령 충만한 소망, 병 고침 받을 수 있는 소망, 축복받는다는 소망, 천국 가는 소망을 줍니다. 예수님 안에 모든 것이 다 있습니다.

조 목사는 그들에게 자신을 향상시킬 계기를 마련해 주었다. 그의 3중축복 설교는 이외에도 해외 성회에서 가장 핵심적으로 다뤄지는 주제 가운데 하나이다.

3중축복은 하나님의 임재와 능력의 현재적 나타남을 인정한다. 조용기 목사는 지금 여기에 역사하시는 하나님을 성도들에게 강조하며, 예수 그리스도의 죽으심과 부활하심이야말로 하나님의 나라를 이 땅에 심으신 사건으로 본다. 그러므로 구원의 목적은 성도로 하여금 하나님의 나라를 실제로 체험하게 하는 것이며 하나님의 임재와 역사가 모든 환경 가운데서 성취되고 있음을 믿는 것이라고 본다. 그러므로 교회는 미래의 완성된 나라를 소망함과 동시에 현재 임재하는 현재성을 체험해야 한다.

바로 이런 점에서 3중축복은 복음의 능력이 성도의 삶에서 가시적으로 나타나는 구원의 현재성을 부각하고 있다. 그렇다고 해서 3중축복이 구원의 미래적 완성을 간과하는 것은 아니다. 3중축복은 구원의 현재적 현시와 미래적 완성을 포괄하고 이를 균형 있게 하는 복음적 통합 신앙이다.

나아가서 조용기 목사의 설교는 듣는 사람들에게 하나님께서 당장 찾아와 구체적으로 나타나실 것을 구하도록 도전한다. 결국 그의 메시지는 사람들의 필요를 그리스도의 복음으로 채워주는 목회적 관점에서 평가할 수 있다. 이렇게 사람들의 필요를 채워주고, 문제를 해결하고, 상처를 치유하는 긍정적이고 적극적인 메시지는 수많은 교회와 목회자에게 많은 영향을 미치게 되었다.

물론 축복을 강조한 그의 메시지가 물량주의적 기복신앙으로 비판을 받아 온 것도 사실이다. 교회의 양적 팽창은 가져왔지만 보다 성숙한 영적, 도덕적 헌신의 삶과 사회를 변화시키는 이타적 공동체적 삶을 살게 하는 데는 실패했다는 것이 비판자들의 주장이다. 그러나 부인할 수 없는 사실은 조용기 목사의 희망과 치유의 메시지는 이른바 민중 신학보다 더 친근하게 민중들의 삶에 접근하여 수많은 빈민들로 하여금 교회에 찾아오도록 하였다는 것이다.

그러한 점에서 축복의 복음을 단순히 기복신앙으로 평가절하 할 것이 아니라 억눌린 한국인의 종교심에 오순절 신학을 토착화함으로써 고통 받는 사람들 사이에서 뿌리를 내린 것이라고 평가하는 것이 옳을 것이다.

2) 종말론적인 영성

오순절 운동은 바로 마지막 때가 가까웠다는 종말론적인 세계관을 가지고 있다. 사도행전에 나오는 베드로의 설교는 요엘서(2:28-29)의 예언을 인용하면서, 오순절 날 임한 성령은 바로 마지막 때의 한 표징임을 보여주었다. 초대교회에 임한 성령이 마지막 때의 시작을 표현한다면 성령 세례를 중심으로 한 근대 오순절 운동의 재현은 마지막 때의 마지막을 뜻한다.

다시 말해서 초대교회의 성령 강림은 이른 비로 비유되고, 근대 오순절 운동은 바로 늦은 비의 성령 강림이라는 것이다. 따라서 오순절 운동은 종말에 대한 서곡이라는 것이다.

이와 같이 성경에 대한 문자적 해석과 전천년주의에 대한 믿음은 종말론적인 긴박감을 자아내기에 충분하였다. 따라서 오순절 운동을 하는 사람들은 하나님께서 말세에 자신들을 사용하여 성령 운동을 하신다는 신적 사명감에 사로잡혀 오순절 메시지를 마지막 시대를 위한 것으로 여겼다. 이를 통해 오순절 신학은 선교신학에 결핍되어 왔던 성령의 존재와 사역을 도입하였다.

그러므로 오순절 운동은 선교에서 성령의 역할을 무시해 온 서구 신학에 대한 '항의 운동'이기도 한 것이다.

사실상 종말론적 성령 체험의 목적은 전도와 선교에 있다. 그러므로 언제나 성령 충만을 강조하는 조용기 목사의 첫 번째 목표는 영혼 구원이다. 조용기 목사가 강단 메시지를 통해서 성도들의 마음속에 거듭 심어주는 성경 구절도 바로 복음 전도와 성령의 능력이 결부된 영혼 구원의 메시지이다(마 28:18; 막 16:15-18; 행 1:8).

2004년 4월 16-17일 솔로몬 군도 '라손타라 국립경기장'에서 열린 '솔로몬 군도 기도 부흥 대성회'에서 조용기 목사는 이렇게 증거했다.

솔로몬 군도 대성회 성도들

"예수께서 가나의 혼인 잔치에서 물을 포도주로 변화시키신(요 2:1-10) 것처럼 그리스도는 사람을 변화시킵니다. 죄인의 삶이 의인의 삶으로 바뀝니다. 비참한 인생이 기쁨이 넘치는 인생으로 바뀝니다. 예수는 여러분의 삶에 변화를 가져옵니다. 그분은 하나님의 아들이십니다."

또 조용기 목사는 누가복음 8장 22-25절의 '풍랑을 잠잠케 하신 예수님'의 이야기를 전하면서 우리가 하늘나라를 향한 인생길을 여행할 때, 그분을 잊어서는 안 된다고 역설했다. 그분을 잠들게 해서는 안 된다고 말했다. 예수께서 잠드시면 사탄은 폭풍을 몰고 온다. 예수는 하나님의 아들이시다. 그분으로 하여금 당신의 삶에 불어 닥친 폭풍을 멈추게 하라고 외쳤다.

다시 조용기 목사는 요한복음 6장 1-13절의 '오병이어의 기적'을 예로 들면서 '저들에게 먹을 것을 주어라' 라는 주님의 말씀에 순종한 안드레와 빌립을 비교하여 우리의 삶이 광야의 삶이라 할지라도 빌립처럼 광야를 바라보면 아무것도 얻을 수 없으나 안드레처럼 광야에서 예수 그리스도를 바라본다면 우리의 삶이 풍성한 식탁으로 바뀐다고 증거하였다.

솔로몬 집회는 내전으로 상처를 입은 솔로몬 군도의 국민에게 예수가 문제 해결이며 복의 근원임을 설파하고 그리스도의 용서와 희망을 전하여 참석 인원 10만 명에 3,000여 명이 결신하는 놀라운 역사를 이루었다.

　조용기 목사의 목회와 선교가 부흥하는 동기는 그의 사역에 나타난 성령의 강력한 임재이다. 성령은 교회성장의 주도자이며 전략가가 되신다. 조용기 목사는 성령을 모든 만민에게 부어주심으로 교회 성장은 어느 곳에서나 가능하다고 확신하였다. 하나님이 그의 택하신 백성에게 성령을 물 부어주심은 온 인류를 구원코자 하시는 하나님의 뜻을 이 땅에 나타내시기 위함이다.

　그러므로 그의 목회 방침은 교회를 위한 성령의 사역이 언제나 최우선적으로 강조되어 한다는 것이다. 이러한 성령 임재에 대한 강조는 순복음교회 사역의 모든 영역에 있어서 초창기부터 중심이 되어 왔다.

　이러한 선교적 비전에 발맞추어 여의도순복음교회는 1974년 순복음세계 선교회를 설립하여 본격적으로 세계 선교에 뛰어들었다. 그동안 성령의 강력한 역사로 인하여 54개국에 617명의 선교사들이 파송되어 선교 현장에서 초대교회적 부흥을 일으키고 있다. 최근에는 제3세계 원주민 선교를 목적으로 원주민 사역자 양성을 위한 신학교를 세계 각지에 세우고 있다.

　이러한 종말론적 성령 체험의 역동적인 영성은 한국뿐 아니라 온 세계 땅 끝까지 이르러 잃어버린 영혼을 구원하는 큰 밑거름이 되었다. 또한 종말론적인 성령 충만과 영혼 구원에 대한 열망은 자

첫 축복 신앙으로 인해 현실에 안주하기 쉬운 신앙에 새로운 활력소를 제공해 주고 있다.

그러므로 축복 신앙은 임박한 종말론이 가질 수 있는 위험성을 극복하게 만들어 주었다. 이처럼 성령 충만으로 인한 축복 신앙과 임박한 종말 사상은 상호 보완관계를 유지하며 발전하였다.

3) 낮은 사람들과 함께하는 영성

오순절의 영성은 사람들로부터 격리된 상태에서는 생존할 수 없다. 성령의 공동체인 교회는 밖으로 향할 때 그 존재적 가치를 지니게 된다. 또한 그리스도인들은 성령이 충만할 때 그리스도의 증인 된 삶을 살 수가 있다. 이러한 증인 된 삶이 세상을 변화시키는 삶이다.

역사적으로 오순절 운동은 단순히 "가난한 자들을 위한 종교가 아니라 가난한 사람들의 종교였다." 이에 오순절 운동은 많은 소외된 사람들에게 사회적, 경제적 굴레에서 자유케 되는 능력을 부여하였다.

하나님의 교회 지도자인 휴스 감독은 그것을 적절하게 묘사했다.

조용기 목사와 아르헨티나 알폰신 대통령

"대부분의 오순절 교인들은 육체노동자 계층에서 나왔다. 그리고 이 운동이 성장한 요인도 바로 오순절 운동이 가난한 자들에게 복음을 심어 주었기 때문이다."

물론 이 사회적이고 종교적인 괴리는 오순절 교인들이 만들어낸 것이 아니다. 동시에 오순절주의자들은 운명론자도 현실도피주의자도 아니다. 오히려 그들은 새로운 종교적인 환경에서 자신들이 설 자리를 찾아냈다. 오순절주의는 그동안 외부적인 영향으로 안주할 사회적인 위치나 위신을 확립할 기회를 찾지 못했던 재능 있고

조용기 목사와 과테말라 세라노 대통령

가난한 자들에게 새로운 가능성을 열어주었다.

그러므로 오순절 메시지는 가난한 자, 소외된 계층을 중심으로 빠르게 퍼져나갔다. 로스앤젤레스의 흑인과 남미계 이민자들을 중심으로 아주사 부흥 운동이 일어났던 것이 대표적인 예이다. 남미와 아시아, 아프리카 등의 선교지에서도 오순절 메시지는 가난하고 소외된 사람들에게 새로운 소망과 기대를 가져다주었다.

오순절의 종말론적인 내세적 메시지는 가난하고 소외된 민중에게 쉽게 받아들여졌다. 또한 물질적으로 부족한 것을 심리적으로 혹은 영적으로 보충하고자 하는 모티브로 오순절 메시지는 가난하고 소외된 자들을 강렬하게 끌어들였다. 이런 현상은 선교지에서도 그대로 나타나 전통적인 교회들이 도회지의 중산층을 중심으로 이루어진다면 오순절 교회는 도회지의 슬럼가, 홍등가, 갱단, 버려진 고아들, 무직자, 교육적으로나 사회적으로 하류층을 대상으로 복음을 전했다. 많은 경우에 교회에서 일어난 기적이나 병 고침은 의사의 도움을 받을 수 없는 가난한 사람들에게는 유일한 길이었다.

결과적으로 이러한 소외계층이 오순절 메시지를 통해 새로운 소망을 얻고, 삶의 태도를 바꾸어 열심히 일하며, 동시에 하나님의 축복으로 빠른 생활의 향상을 보인 경우가 많았다. 이러한 것은 한국의 오순절 운동의 경우에도 마찬가지이다.

한국의 오순절 운동을 대표하는 여의도순복음교회는 1958년 인간의 눈으로는 희망이 없다고 볼 수 있는 불광동 빈민촌에서 아편 중독자, 알코올 중독자, 부랑아, 가난한 자, 병든 자, 소망이 없는 자들과 함께 시작되었다. 그 후 서대문을 거쳐 여의도로 교회를 옮겨와서도 여의도순복음교회는 가난하고 소외된 서민과 함께하는 교회가 되었다. 아니 병들고 가난하고 지친 자들만이 찾아오는 교회였다고 하는 것이 옳겠다.

이러한 바탕 위에 조용기 목사의 좋으신 하나님에 대한 희망의 메시지가 서민들의 가슴속을 파고들어갔다. 좋으신 하나님의 메시지는 하나님과 인간의 삶에 대하여 긍정적인 기대를 갖도록 격려하였으며, 기적과 행하심을 적극적으로 믿고 기대하며 열심히 일하는 계층을 만들어내었다.

하나님이 어떻게 보잘것없는 한 가족을 당신의 사랑과 기적으로 축복받은 가정으로 변모시켰는가 하는 간증들이 헤아릴 수 없이 입에서 입으로 전해졌다. 하나님과 삶에 대한 긍정적이고 적극적인 태도가 믿음을 산출해 내고 결과적으로 수많은 사람이 경제 사회적으로, 그리고 영적으로 축복을 누리게 되었다.

이와 같은 조용기 목사의 희망의 복음은 세계 선교에서도 그 빛을 더하였다. 2002년 11월 온두라스 국립경기장에서 열린 '온두라스 희망의 대성회'에서 조용기 목사는 온두라스 국민에게 희망의 그리스도를 전하였다. 그는 "가난과 질병, 좌절로부터의 해방은 우리를 위해 피 흘려 십자가에서 돌아가신 예수 그리스도를 믿는 것에서 출발한다. 예수 그리스도를 따라야 진정한 해방이 온다"라고 강조했다.

계속해서 조용기 목사는 한국이 선진국으로 성장할 수 있었던 것은 예수 그리스도를 믿은 '믿음' 때문이라며 우리를 어려움으로부터 구원해 줄 진정한 해방자인 그리스도를 믿고 따라야 한다고 전했다. 그의 설교는 오랫동안 가난에 시달렸던 이들의 마음에 비수처럼 꽂혔다.

설교가 끝나자 수천 명의 사람들이 결신하고 병 고침을 받은 사람들의 치유 간증이 이어졌다. 성회 후 온두라스 국민은 희망과 용기를 갖게 되었으며 온두라스의 번영과 교회 부흥을 위해 기도하며 헌신하는 분위기로 바뀌었다.

이처럼 조용기 목사의 5중복음과 3중축복은 인간의 고통의 근원을 영적인 데서 찾아 개인에서 시작하여 사회로 번져나가게 하는 총체적인 변혁을 시도하였다고 말할 수 있는데 이러한 변화를 제공하는 영성의 바탕은 바로 '성령 세례'였다.

4) 한국 교회 성장의 밑거름이 된 한국적 오순절 운동 창시자

여의도순복음교회가 교회 성장의 대명사가 된 것은 1970년대 서대문에서 여의도의 1만 제단 대성전으로 이전하면서 엄청난 부흥을 이룬 후부터였다. 여의도순복음교회가 성도 수 1만 명이 넘어선 후부터 한국 교회뿐만 아니라 세계 교회에서도 1만 명이 넘는 초대형 교회가 수없이 나타나기 시작했고 여의도순복음교회가 세계 교회 사상 10만 명이 불가능하다는 통념을 깨뜨리자 드디어 남미와 아프리카에서도 10만 명이 넘는 교회가 탄생하기 시작했다.

여의도순복음교회가 한국 교회의 예배 형태 변화에 큰 영향력을 끼쳤다는 사실은 누구도 부인할 수 없을 것이다. 혹자는 한국인의 심성, 사회적 여건 등이 한국 교회가 성장할 수 있는 좋은 요건이라고 말하지만 실제로 교회를 역동적으로 움직여 급성장을 가져온 직접적인 요인으로는 볼 수 없다. 왜냐하면 똑같은 조건에서 급성장한 교회가 있는가 하면 그렇지 못한 교회도 있기 때문이다.

한국 교회가 세계의 다른 어떤 교회보다도 급성장할 수 있었던 직접적인 요인은 여의도순복음교회로 인한 오순절적 요인으로 설명할 수 있다. 베드로가 3,000명, 5,000명을 회심시켰던 그 내적 역동성이 오순절 운동의 근간이 됨으로써 오순절 운동이 강한 곳에 교회가 더욱 신속하게 성장하고 있다.

이를 잘 입증해주는 것은 한국 교회들 중에서 오순절 운동을 직접적으로 전개하거나 직접적이지 않을지라도 오순절 운동과 똑같은 스타일로 성장을 추구하는 교회들이 그렇지 않은 교회들보다 성장 속도가 현저히 빠르다는 것이다. 그러므로 조용기 목사의 오순절 운동은 한국 교회 성장에 직접 혹은 간접적으로 크게 영향력을 미치고 있다고 본다.

그리고 여의도순복음교회가 새로운 예배 형태를 도입하고 적용, 확산시키는 데 기여한 역할은 독보적이다. 예를 들면 통성기도와 손뼉을 치며 찬송하는 오순절적인 예배 형태를 들 수 있다. 물론 이러한 예배 행위가 오순절 교회에서 처음 시작된 것은 아니다. 이미 기도원을 중심으로 기도회, 부흥회 등에서는 어느 정도 알려진 형태였다.

획기적인 일은 이러한 과외 형태의 영성 표출이 주일 공식 예배에 도입된 것이다. 통성기도나 손뼉 치는 것은 엄격하고, 순서에 분명한 한국 예배 문화에 정면으로 상치되는 행위였던 만큼 논란도 컸다. 이어서 복음 송, 병 고침과 문제 해결을 위한 기도, 성령 충만을 위한 기도, 간증, 찬양에 이어 철야기도회, 그리고 최근에 이르러서는 매일 저녁 이루어지는 겟세마네 기도회 등 여의도순복음교회를 중심으로 도입된 새로운 예배 요소는 한국 교회에 많은 영향력을 미쳤다.

어떤 요소는 한국 교회가 이미 소유하고 있었던 부흥 운동이나 기도원 운동에서 찾을 수 있지만 간증이나 찬양, 그리고 복음 송은 본래 오순절 교회가 갖고 있던 예배의 특징인데 조용기 목사가 주일예배에 도입한 것이다. 그러나 더욱 획기적인 것은 조용기 목사의 설교에 있었다. 그의 좋으신 하나님에 대한 선포는 하나님과의 관계, 그리고 세상과 삶에 대한 긍정적인 자세를 고취시켰고 놀라운 생활의 변화를 일으켰다.

이러한 역동적인 영성의 영향력은 보수 교단에도 광범위한 영향을 미쳤는데 특히 영적 활력소를 상실해가는 보수교단의 목회자와 신학자들에게 적지 않은 영향을 미쳤으며 한국뿐만 아니라 전 세계 교회 성장을 주도해 나갔다고 할 수 있다. 이에 오순절주의를 표방하지 않으며 오순절주의의 문제점을 지적하면서도 오순절주의에 호감을 가지는 신학자들과 목회자들이 생기게 된 것이다.

1980년경에 이르러 은사 운동은 한국의 전통 교단 및 천주교 내에도 침투해 들어가기 시작했다. 그 후 20여 년간 수만의 성도를 가진 한국의 대형교회들만이 교회 역사상 초유의 폭발적인 성장을 이룬 것은 아니다. 같은 시기에 한국의 천주교회도 놀라운 은사적 부흥을 일으켰다. 1990년경의 집계에 따르면 한국 천주교에서는 이미 35만 명의 성도가 성령 세례를 체험한 것으로 나타나고 있으며, 그들은 지금도 천주교 내의 은사주의 운동의 부흥과 확산을 위해 노력하고 있다.

불과 100년 만에 신자 1,200만 명이라는 오순절 교회를 포함한 전체 한국 교회의 놀라운 성장은 성령의 초자연적인 역사가 아니고는 도저히 일어날 수 없는 역사였다. 그리고 이러한 놀라운 역사는 앞으로도 멈추지 않을 것이다.

5) 선교 인재 양성

조용기 목사의 목회의 특징 가운데 하나는 그가 수많은 제자들을 길러냈다는 점이다. 수많은 목사들이 나는 조용기 목사의 영향으로 컸으며 그의 제자라고 말한다.

한 월간지와의 인터뷰에서 조용기 목사는 그의 제자론을 이렇게 말한다.

"제자들과 나는 굉장히 끈끈한, 가족적인 유대 관계를 갖고 있습니다. 나는 내가 길러낸 사람들을 끝까지 책임을 집니다. 교회를 시작하면 돈을 대주고, 교육시키고 문제가 생기면 도와주죠. 내 밑에서 자란 사람은 내가 살아 있는 한 끝까지 안고 갑니다. 내가 지배하는 것이 아니라 자식들처럼 돌봐줍니다. 사실은 내가 제자를 만든 것이 아니라 자기들이 내 제자라고 주장해서 제자라는 관계가 형성된 것입니다. 비결은 사랑이죠. 여기서 3,000명 정도 나갔는데 제자들이 늘 찾아옵니다."

현재 한국에서 조용기 목사의 제자들이 시무하는 교회는 대개 그 지역에서 가장 큰 교회들이다. 인천, 부천, 성남, 대구, 광주, 대전, 부산, 전주, 의정부에 있는 순복음교회는 대개 1만 명 이상의 성도를 보유한 최대 교회로 성장했다.

이러한 성공 사례는 국내에 그치지 않고 세계 선교에서도 수없이 일어났다. CGI의 교회성장세미나를 통해서 교육받은 목사들과 조용기 목사의 저서와 방송 설교를 통해 자극받은 수많은 제자들이 세계 곳곳에서 성공적인 목회를 일구어내고 있다.

단일 교회당으로 최대 수용 능력을 자랑하는 인도네시아 베다니교회 알렉스 타누세프트라 목사를 비롯하여 동남아에서 활발한 해외 선교의 일익을 담당하고 있는 말레이시아의 구네라트남 목사, 셀 시스템을 적용하여 중남미 엘살바도르에서 11만여 명의 교인을 확보한 미션 크리스천 엘림(Mission Christian Elim) 교회의 마리오 베가 목사 등이 조용기 목사의 해외 제자들이다.

이들은 2002년 7월과 9월 그리고 11월에 각각 자국에서 조용기 목사 해외 성회를 유치하여 조용기 목사의 목회를 적용한 자신들의 목회 성공을 직접 인정받고자 하였다.

이처럼 이제 조용기 목사의 해외 성회들은 복음의 씨앗을 뿌리기 위한 차원을 넘어서서 뿌려진 씨앗들이 나무가 되고 성장하여 열매를 맺는 것을 확인하는 수확의 장으로 그 영역을 넓혀가고 있다. 이와 같은 놀라운 역사는 복음의 미개척지에서만 아니라 선진국에서도 일어나고 있다. 미국 전역에 산재해 있는 450여 교회와 세계 43개국에 흩어져 있는 수천 개 교회의 어머니 교회인 포틀랜드 시티 바이블 처치(City Bible Church)의 프랭크 디마지오 목사는 이렇게 고백한다.

> "조 목사님의 설교에 영적으로 큰 도전을 받습니다. 난 30여 년 동안 여의도순복음교회를 모델로 목회했고 교회 부흥과 전도 등 많은 영향을 받았습니다."

전 세계에 흩어져 있는 이러한 제자들은 목회 표본인 조용기 목사의 세계 선교 사역을 위해 끊임없이 기도하고 있다. 미국 시애틀의 대표적인 교회 중의 하나인 시애틀시티 교회의 웬델 스미스 (Wendel Smith) 목사는 교회 내에서 조용기 목사를 위한 기도를 매주 잊지 않고 드린다고 한다.

"조용기 목사는 세계적인 교회를 이끄는 세계적인 복음주의 지도자입니다. 그의 사도적인 영향력은 그가 지니고 있는 개인적인 목회 능력을 바탕으로 하고 있다고 봅니다. 우리 교회는 매주 한번 그를 위해 기도하죠. 여의도순복음교회는 세계를 향한 마인드를 가진 모든 목회자들의 표본이라고 할 수 있습니다."

이밖에도 미국 시애틀 크리스천 페이스 센터의 케이시 트릿 목사도 조용기 목사의 목회 방법과 스타일을 적용한 미국의 성공적인 차세대 기독교 지도자로 손꼽히고 있다.

이렇게 국내외적으로 조용기 목사의 목회 스타일을 따르고 배워서 부흥하고 있는 제자들의 숫자가 날로 늘어만 가는 이유는 무엇인가?

월간 〈DCEM〉과의 신년 대담에서 조용기 목사는 이렇게 말한다.

"21세기 세계 교회의 흐름은 성령 운동이 중심을 이룬다는 것이 이미 확인된 바 있습니다. 전 세계적으로 성령 운동을 추구하는 교회들이 부흥하고 있다는 것이 그 한 예가 될 것입니다. 이런 점을 세계 교회가 인정하고 세계 선교를 위해 대화하려는 시도가 일어나고 있습니다. 시대적으로 거스를 수 없는 현상이라고 봅니다."

그의 말처럼 21세기에는 그의 제자들이 더 많이 늘어갈 것이라고 믿는다.

5부
빌리 그레이엄 목사와 영산 조용기 목사가 세계 전도사(史)에 끼친 영향

일찍이 대영제국에 해 지는 데가 없다는 말이 있었지만 빌리 그레이엄 전도협회야말로 세계 곳곳에 스며들어 해 지는 데가 없다고 해도 과언이 아닐 것이다. 빌리 그레이엄 목사는 이 방대한 조직을 풀가동하여 전천후 사역을 계속하고 있다.

-본문에서

조용기 목사의 선교는 가난한 이들에게 좋은 소식을 전해주었다. 그의 신유 복음 전략이 가난하고 병든 사람들에게 희망이 된 것은 매우 성경적이다.

-본문에서

사진은 2000년 6월 19일부터 21일까지 가봉의 수도 리브리빌의 봉고스타디움에서 개최된 조용기 목사 초청 성회의 모습이다.

1. 빌리 그레이엄 목사의 선교 사역

빌리 그레이엄 목사가 순수한 복음 선포에 열정을 쏟은 사역이 세계 복음화에 끼친 영향력에 대하여 부인할 사람은 없을 것이다. 그는 복음 전파에 자신의 일생을 바친 전도자였다. 1940년 플로리다 성경학교를 졸업하기 전 복음 전파 사역에 헌신한 이후로 빌리 그레이엄 목사는 특유의 열정으로 복음을 전파해 왔다.

빌리 그레이엄 목사의 내외 선교활동은 1950년대에 조직된 '빌리 그레이엄 전도협회(BGEA)'에서 주관하고 있다. 일찍이 '대영제국에 해 지는 데가 없다'는 말이 있었지만 '빌리 그레이엄 전도협회'야말로 세계 곳곳에 스며들어 해 지는 데가 없다고 해도 과언이 아닐 것이다. 빌리 그레이엄 목사는 이 방대한 조직을 풀가동하여 전천후 사역을 계속하고 있다.

BGEA 국제 사무소는 부에노스아이레스, 시드니, 위니펙, 런던, 파리, 프랑크푸르트, 도쿄, 멕시코시티, 마드리드 등지에 설치되어 있고 각 사무소마다 그 지역 관계 직원들이 관리하고 있다. 그들은 기금을 모으고, 〈Decision〉지(誌) 발행을 주관하고 그밖에 전도에 필요한 업무를 집행한다. 각 사무소는 자율적으로 운영하여 각자의 경리 장부를 가지고 있지만 미국의 BGEA가 이것을 총괄하고 일부 자금을 지원한다.

이 장에서는 빌리 그레이엄 목사의 사역이 복음 전도사에 미친 영향을 간략하게 살펴보고자 한다.

1) 공산주의 국가에 복음 전파

빌리 그레이엄 목사는 20세기 어느 설교자도 따라올 수 없는 많은 나라, 많은 민족에게 복음을 전하였다. 수많은 전도 집회에서 그는 하나님의 복음을 담대하게 전파하였다. 1949년 로스앤젤레스 전도 집회를 계기로 최고의 부흥 설교자로 떠오른 빌리 그레이엄 목사는 그 속도를 늦추지 않고 계속해서 전도 집회를 열었다.

그의 전도 집회는 단순히 미국에서만 이루어지지 않았다. 1954년 영국 헤린게이 집회를 시작으로 세계 곳곳을 누비며 복음을 전파했다. 그가 간 나라들은 서방 국가를 비롯하여 아프리카, 아시아 등에 이르기까지 헤아리기 어려울 정도로 많다.

그러나 무엇보다도 우리가 주목할 것은 그가 자유의 세계에서만 복음을 전파한 것이 아니라 공산주의 국가에서도 복음을 전파했다는 사실이다. 우리가 기억하듯 빌리 그레이엄 목사가 활동하던 당시는 냉전의 기류가 심각하게 흐르고 있었다. 이른바 자유 민주주의와 공산주의라는 이데올로기의 대립 양상이 해결하기 어려운 난제로 남아 있던 때였다. 그런 와중에서 빌리 그레이엄 목사가 난공

불락이라던 '철의 장막'을 헤치고 들어가 복음을 전파한 것은 실로 대단한 일이라 아니할 수 없다.

그는 실제로 1967년 공산주의 국가로는 처음으로 유고슬라비아에 들어가 2,000여 명의 신자들 앞에서 복음을 전하였다. 이후 1977년 헝가리, 1978년 폴란드, 1982년 소련 동독 체코, 1984년에 다시 소련, 1985년 루마니아와 헝가리(2차)에 복음을 전파하였다. 그러나 우리가 여기서 주의해야 할 것은 빌리 그레이엄 목사가 단순히 공산주의 국가에서 전도 집회를 가졌다는 것이 아니라 그가 복음을 전파한 국가의 공산주의가 무너져 내리는 하나님의 역사가 20세기 후반에 나타나기 시작했다는 것이다.

물론 이 사실을 놓고 때가 되었기 때문에 그렇게 된 것이라고 말하는 사람도 있을 테지만 그럼에도 불구하고 세계를 향해 복음을 전파하려는 그의 노력이 공산주의 국가에서 결실을 맺은 것이라 말해도 지나치지 않다.

2) 대중매체를 활용한 복음 전도

빌리 그레이엄 목사는 이전까지는 볼 수 없었던 새로운 방법으로 복음을 전파했는데, 그것은 곧 20세기 들어 두드러진 발전을 보인 여러 대중매체 신문, 잡지, 라디오, 텔레비전, 영화 등을 이용한 복음의 전파이다. 라디오 프로그램인 '결단의 시간'을 필두로 주간 연합 칼럼인 'My Answer'(나의 답변)의 계속적인 연재, 〈Christianity Today〉지의 발간, 그리고 가장 널리 알려진 월간 〈Decision〉지 간행과 같은 문서 선교, 방송 선교 매체를 통한 설교가 세계 곳곳에 울려 퍼지게 하였던 것이다.

또한 텔레비전과 영화를 통해서도 복음을 전파하였으며 《하나님과 평화》(Peace with God)를 비롯한 여러 저서의 출판을 통해서도 복음을 전파하였다. 그는 실로 다양한 매체를 활용하여 그의 사역을 수행해 나갔다. 이것은 다른 많은 설교자들, 또 그들이 운영하는 선교 단체에까지 영향을 미쳐 그와 유사한 형태의 많은 복음 전도 사역이 행해졌음을 선교 역사를 통해 알 수 있다.

3) 협력 복음 전도와 1950년대 복음주의의 분열

1952년 전국 복음주의협회(National Association of Evangelicals; NAE)에서 행한 강연에서 빌리 그레이엄 목사는 이제부터 자신이 거듭난 신자라면 세계교회협의회(WCC)에 소속되어 있든, NAE에 소속되어 있든, 아니면 미국교회협의회(American Council of Christian Churches; ACCC)나 로마 가톨릭 교회에 소속되어 있든 어느 누구와도 교제를 가질 것이라고 말했는데 이것은 그가 '거듭난 모든 신자들의 영적 에큐메니컬 운동'에 대해 자신의 소신을 피력한 것으로 생각된다. 그는 그와 관련하여 다음과 같이 말했다.

> 우리는 그리스도의 동정녀 탄생, 그의 속죄, 그의 육체적 부활을 포함하여 그의 신성을 받아들이지 않는 사람은 어떠한 위원회에도 두지 않을 것이다……우리는 인간의 타락을 믿지 않으면 안 된다……누구든지 이 두 가지 요소를 받아들인다면 복음 전도에 함께 협력할 수 있다.

이것은 협력 전도의 토대를 놓는 중요한 말이다. 그는 근본주의 계열의 복음 전도자였으나 자신의 입장만을 고집하지 않았다. 실제로 그는 대중에게 접근하고 싶은 마음이 간절하였으므로 하나의 포괄적인 신앙 선언을 협력 전도의 토대로 제시함으로써 비복음주의자들도 자신의 전도 운동에 참여하도록 문호를 열어놓았다.

이러한 태도 때문에 그는 근본주의 계열로부터 자유주의자들과 협력한다는 비난을 받기도 하였으나 뜻을 굽히지 않았다. 1956년 그는 전도 운동에서 협력 복음 전도정책은 복음을 전파하는 데 있어서는 큰 힘을 발휘하였지만, 한편으로는 복음주의를 분열시키는 결과를 낳았다.

빌리 그레이엄 목사의 협력 복음 전도대회가 복음주의 교회들과 개인들에게 큰 유익을 가져다준 것은 의심할 여지가 없다. 그러나 빌리 그레이엄 목사의 의도와는 달리 협력 전도는 복음주의 진영에 분열과 혼란을 초래했으며, 복음주의 진영은 전통적인 근본주의 입장을 고수하는 이들과 전통적인 신앙을 이 시대에 설득력 있게 제시하려는 복음주의자들로 분열되었다. 이러한 점은 그의 복음 전도 사역의 부정적 측면이라 할 수 있다.

2. 영산 조용기 목사의 선교 사역

1) 성경 중심의 그리스도 십자가 복음의 선포

조용기 목사의 선교는 무엇보다도 성경에 근거하고 있다. 성경은 첫 장부터 마지막 장까지 온 세상을 선교의 대상으로 삼으며 하나님의 구원 계획이 온 세계에 미치는 것으로 전개되고 있다. 그리스도의 십자가와 부활 사건은 곧 복음의 내용인 것이다. 십자가 사건은 본질적으로는 인류의 구원을 위한 하나님의 섭리 속에서 이루어졌다.

예수님 당시에도 그랬던 것처럼 가난한 사람들은 여러 가지 질병으로 고통을 당하는 것이 일반적이다. 무엇보다도 예수님은 친히 복음이 우선적으로 가난한 자들을 위한 좋은 소식임을 밝히셨다.

예수님은 가난하고 억눌린 사람들에 대한 하나님의 사랑이 역사적으로 나타나신 것이다. 예수님이 동정한 사람들은 가난한 자들, 병든 자들, 눈먼 자들, 문둥병자들, 여자들, 어린아이들, 창녀들, 세리 등 하나같이 사회에서 버림받은 사람들이었다.

교회의 주요한 선교 전략의 하나는 가난한 자들을 위한 좋은 소식이어야 한다는 것이다. 그런 면에서 조용기 목사의 선교는 가난한 이들에게 좋은 소식을 전해 주었다. 그의 신유 복음 전략이 가난하고 병든 사람들에게 희망이 된 것은 매우 성경적이다.

그의 메시지는 전적으로 타락한 인간은 예수 그리스도의 십자가 보혈로만 구원받을 수 있음을 강조하는 중생, 곧 거듭남을 통해 얻는 구원의 복음이다. 그 영역은 영적 구속으로 '네 영혼이 잘됨같이'이며, 생활적 축복으로 '범사에 잘되며'이며, 그리고 전인적 치료로 '강건하기를 바라노라'이다. 이 3중축복은 신유의 축복도 포함한다.

특별히 신유 복음은 그가 해외 어느 나라에서든지 빠뜨리지 않고 전하는 메시지로, 예수 그리스도께서 인간의 질병 또한 담당하심을 선포한다. 그의 설교 내용은 이미 2000년 전에 우리의 질병은 모두 고침 받은 것이기 때문에 믿음으로 선포하면 고침 받는 축복을 누릴 수 있다고 강조한다. 이것은 좋으신 하나님의 신관을 가지고 인간에 대한 하나님의 사랑을 전하는 것이다. 그 하나님의 사랑은 하나님의 나라를 도래케 한다.

이와 같이 조용기 목사의 신학은 사변적이고 편협하지 않은 오순절적인 역동성이 내재되어 있다. 오순절적인 역동성은 그의 사역에서 알 수 있듯이 실제적이고 현실적이며 현장적이다. 따라서 오순절적인 가치관은 어느 시대 어느 자리이든 그 필요를 채워주는 동시대적인 가치를 지닌다.

성경은 "믿음이 없이는 기쁘게 못하나니 하나님께 나아가는 자는 반드시 그가 계신 것과 또한 그가 자기를 찾는 자들에게 상 주시는 이심을 믿어야 할지니라"(히 11:6)고 말했다. 믿음을 통해 인간으로서는 상상할 수 없는 위대한 일을 성취할 수 있다.

오늘날 많은 그리스도인들이 확고한 믿음을 갖지 못하고 방황하고 있다. 그것은 "십자가의 신앙"을 갖지 못했기 때문이다. 그리스도인들의 믿음은 십자가를 통해 나타난다. 십자가 없는 믿음은 모래 위에 세운 집과 같다. 십자가를 부인하는 사람에게 믿음의 역사는 사라지고 만다. 십자가 신앙을 갖추지 못한 사람은 반드시 신앙의 가뭄을 체험하게 된다.

초대교회 성도들의 신앙고백 내용은 예수의 십자가와 부활 사건에 근거한 것이다. 그리스도의 십자가와 부활 사건은 곧 복음의 내용이다. 십자가 사건은 본질적으로는 인류의 구원을 위한 하나님의 섭리 속에 이루어졌다. 십자가 사건은 그리스도와 하나 됨을 이끄는 사건이며, 과거에 이루어진 역사적 사건이지만 이 시대에도 계속되는 현재적 사건이라는 통시적 시간 개념을 반영한다. 또한 역설적인 기독교 진리의 실체를 규명한다는 구속사적 의미를 함축하고 있다.

이와 같이 조용기 목사의 성경 중심의 그리스도 십자가 복음 전략은 선교 대상자들에게 예수를 주로 시인하는 신앙고백을 할 수 있도록 영향을 미쳤다. 그가 전 세계를 다니며 인도한 수많은 성회를 통하여 나타난 결신자의 숫자는 성경 중심의 그리스도 십자가 복음 전략의 결과이다.

2) 효과적인 복음 전파를 위한 신유 복음의 선포

조용기 목사의 선포 위주의 신유 복음 선교 전략은 효율성 면에서 가장 큰 성과를 거두었다. 그의 성회를 통하여 수많은 사람들이 결신하고 병 고침을 얻었다.

이와 같은 강력한 신유의 은사가 그의 목회 사역에 나타나게 된 중요한 요소는 예수 그리스도의 공생애 사역의 2/3 이상이 수많은 병자들을 고치신 신유 사역이었고, 이 같은 사역이 오늘날에도 계속됨을 믿는 신앙(히 13:8), 조용기 목사 자신이 예수님을 영접한 후 폐결핵에서 하나님의 능력으로 치료받아 살아난 체험적 신앙을 소

순복음중앙교회 시절인 1966년의 여름성경학교 모습

인도네시아 베다니교회 성회에서 설교하는
조용기 목사

1985년 오클라호마 대성회에서의 신유사역

1984년 일본어 설교 방송 〈행복에의 초대〉
시청자들을 위한 오사카 대성회 모습

유함으로써 강력하게 신유의 복음을 전파했기 때문이다.

예수께서는 육신의 정욕, 안목의 정욕, 이 세상의 자랑을 다 배제하셨다. 철저히 십자가를 진 예수께서는 마귀의 시험을 이기시고 승리하셨다. 이때부터 복음을 증거하시면서 죄인을 용서하고 병든 자를 고치시며 죽은 자를 살리는 초자연적인 능력을 행하셨다.

예수 그리스도는 어제나 오늘이나 영원토록 동일하신 분이시다. 오늘날의 신학자들이 예수님의 치료는 과거에만 있었다고 주장할지라도, 기적의 시대는 이미 지나갔다고 할지라도 신학자들을 통하여 예수님을 바라보지 않는다. 오히려 갈보리 십자가 위에 올라가서 예수님의 참 모습을 바라본다.

예수님께서 우리의 질고를 짊어지시고 몸이 찢기시면서 피 흘리신 그 대가로 우리가 질병에서 해방된 것이다. 치료자 되시는 예수님께서는 오늘날도 우리를 치료하시기 위해 우리 곁에 와 계시고 치료의 역사를 베풀어주신다.

예수 이름으로 조용기 목사는 성령님의 음성을 민감하게 받아들였고 순종하여 신유를 선포하였다. 기독교인이 신유를 믿는 가장 우선적인 근거는 성경이다. 신, 구약성경 전체가 일관되게 보여주는 사실은 신유가 좋으신 하나님의 신관을 가진 사역이라는 점이다. 구약 시대에는 '치료하는 하나님'으로 자신을 계시하셨으며, 신약 시대에는 친히 착한 일을 행하시고 마귀에게 눌린 모든 자를 고치신다(행 13:8).

예수께서 부활하고 승천하신 후에는 성령께서 그 사역을 계속하고 계신다. 성경적인 신유란 '의약적 치료가 아닌 순수한 하나님의 도움으로 치료받는 것'을 의미한다. 특히 현대의학으로는 도저히 고칠 수 없는 질병 등은 전적으로 하나님의 손길이 필요하다. 신유는 최면술적 치료나 정신력에 의한 치유가 아니며 무당의 신통술이나 강신술이 아니다. 또한 돈을 목적으로 하는 의술적 직업이 아니다. 돈을 받고 치병 기도를 해준다는 말은 비성경적인 태도이다.

따라서 신유는 하나님의 말씀, 곧 성경에 기초한 것이다. 어떤 인간의 논리적 체계도 성경에 근거하지 않는 한 신적인 것이 될 수 없다. 신유의 신적 진리는 영원하신 하나님의 말씀에 기초한 것이다.

신유의 신학은 서구에서 주창되었다. 그러나 엄밀히 말하면 이는 성경적인 그리스도의 사역이다. 또한 그에게는 실증된 복음이다. 조용기 목사는 하나님으로부터 신유를 경험하였고 교회성장에 있어서 매우 유익한 방법이 됨을 논증하였다.

먼저 예수님의 치유는 기도와 선포로 사역하신다. 예수님은 주로 명령으로 치유하셨다. 예수는 그의 제자들과 달리 치유를 간청하지 않았고 치유를 선언하셨다. "저물매 사람들이 귀신들린 자를 많이 데리고 예수께 오거늘 예수께서 말씀으로 귀신들을 쫓아내시고 병든 자들을 다 고치시니"(마 8:16).

예수는 한 문둥병자에게 "내가 원하노니 깨끗함을 받으라"(막 1:41)고 선언하심으로써 고치셨으며, 죽은 소녀에게 "일어나라"(막 5:41)고 명하심으로써 그 소녀를 일으키셨다. 또한 예수께서 지상 사역 말엽에 교회에 이렇게 선언하셨다. "나를 믿는 자는 내가 하는 일을 그도 할 것이요 또한 그보다 큰 일도 하리니 이는 내가 아버지께로 감이라"(요 14:12).

그의 신유는 믿음으로 선포하여 역사가 일어난다. 그렇다면 이러한 역사는 병 고치는 은사로 하는 것인가, 믿음으로 하는 것인가? 그의 대답이다.

"많은 사람들은 내가 신유의 기도를 하는 것이 믿음의 은사로 하는 것인지, 아니면 신유의 은사로 하는 것인지 궁금해 합니다. 나 혼자는 어떤 은사도 행할 수 없습니다. 왜냐하면 그러한 역사는 내 안에 계신 성령께서 대표적인 아홉 가지 은사를 필요에 따라 그때그때 나를 통해 나타내시는 것이기 때문입니다.……나는 오직 성령을 모시고 살며 성령께 전적으로 복종하고 성령을 의지합니다. 내가 받은 은사를 한 가지 말씀드리자면 바로 그리스도 안에서 담대한 믿음입니다. 담대함을 가지고 믿음으로 선포하면 성령께서 역사하십니다. 성경은 표적이 여러분의 믿음보다 앞선다고 하지 않습니다. 표적은 여러분의 믿음 뒤에 따를 것이라고 했습니다. '믿는 자들에게는 이런 표적이 따르리니 곧 그들이 내

이름으로 귀신을 쫓아내며 새 방언을 말하며 뱀을 집어올리며 무슨 독을 마실지라도 해를 받지 아니하며 병든 사람에게 손을 얹은즉 나으리라'(막 16:17-18)는 말씀대로 여러분이 담대하게 믿음으로 나갈 때 이런 표적이 따르는 것입니다."

"여러분, 믿음의 표적을 따르십시오. 그리하면 여러분의 믿음의 통로를 따라 끊임없는 표적이 여러분의 일생을 통하여 나타날 것입니다. 성령께서 여러분에게 내주하시는 순간부터 성령의 모든 자원은 여러분 안에 있습니다."

그의 당부하는 말에서 그의 믿음의 법칙은 성령님을 전적으로 의지하여 믿음과 순종으로 선포하고 있음을 알 수 있다. 이러한 법칙은 그의 사역 전체에서 나타나며, 시대와 인종과 문화를 초월하여 사용하는 선교전략이다.

현대 선교에 있어서 신유가 필요한지에 대한 조용기 목사의 대답은 "문명의 발달이 인류가 가진 사회악을 해결할 수 없으며 오히려 성령의 능력으로 신유는 더욱 필요하다"라고 말한다.

오늘날 복음을 증거하는 사역자들 가운데 많은 이들이 복음을 증거하는 중 신유의 능력을 배제함으로써 커다란 실수를 범하고 있다. 왜냐하면 하나님께서는 신유를 빼지 않으셨기 때문이다.

신유를 중심으로 한 복음 전파의 당위성은 구약 시대 전반에 걸쳐서 "나는 너희를 치료하는 여호와임이니라"(출 15:26)는 하나님의 역사에 잘 나타난다. 하나님께서는 태초에 자신을 계시하실 때에도 구원자와 치료자, 공급자로 계시하셨다. 선지자들 중에서도 신유의 능력이 주어지지 않은 사람은 거의 없었다. 그리고 신약 시대의 예수님께서도 말씀을 증거하실 때 신유를 복음 사역의 가장 강력한 도구로 사용하셨으며, 그분의 사역 기간에서 3분의 2를 병 고치시는 일에 사용하셨다.

예수님께서 병 고치는 사역에 집중하신 까닭은 신유의 역사가 하나님의 사랑과 자비와 은혜를 사람들에게 베풀고 구원을 가져오는 가장 효과적인 방법이기 때문이다. 또한 마가복음 16장 15절에서 18절에 복음 증거에 신유를 같이 말씀하신 것은 복음 증거와 신유는 불가분의 관계에 있기 때문이다. 복음 증거와 신유는 성직자들이 반드시 행해야 할 의무이다.

조용기 목사의 신유 신학은 먼저 한국 교회의 성장을 이룬 원동력이다. 성령의 역사로 이루어지는 신유는 단순히 개인적 치유만을 가져오는 것이 아니라 전체 교회의 성장을 가져오는 역동적인 동인이다. 교회성장학자 피터 와그너는 "나는 하나님의 신유 역사를 중요시하는 것이 교회 성장에 도움이 된다는 느낌을 강하게 느낀다"고 말했다.

신유는 하나님 나라의 표적이며 믿는 자들에게 복음의 확신과 구원의 능력을 나타내는 계시 방법 중 하나이다. 그래서 복음을 증거하는 수단이면서 교회 성장에 가장 확실한 방법이다. 이렇게 조용기 목사는 한국에서 교회 성장을 이루었고 한국 교회 전체에 그의 신유 신학은 영향을 미쳤다. 더 나아가서 조용기 목사는 신유 신학으로 세계를 복음화시켰다. 그의 신유 신학은 선교에 있어서 중점적인 역할을 한다. 특히 가난과 고통 중에 있는 사람들에게 큰 역할을 하였다.

피터 와그너는 신유 복음 사역이 복음 전파에 큰 도움을 주며 살아계신 하나님의 말씀으로 받아들이는 신앙을 갖게 한다고 주장한다. 이 말은 선교학적으로 의미가 있는데, 실제로 조용기 목사는 신유 사역을 통해 아프리카, 유럽, 미국, 아시아 등 전 세계에서 복음을 전할 때 체험적인 신앙을 갖게 하여 삼위일체이신 하나님을 알게 한다.

3) 적응성을 가진 상황화 선교

기독교의 복음이 특정 문화에 들어갈 때 만약 상황화의 노력이 없다면 그 복음이 너무 외래적이라 하여 현지인들은 기독교의 복음을 거부한다. 반면 기독교의 복음이 현지 문화의 전통 문화적인 요소들과 무비판적으로 혼합될 때에는 진리의 혼합주의가 일어나게 된다.

그러나 조용기 목사는 선교지의 현실에 소망이 되면서도 동시에 비판적인 상황화의 사상을 가지고 선교지 신학의 상황을 바꾸어 놓았다.

순복음 신학은 한국적 사고와 이념을 바탕으로 해서 삶에 대한 신학적 질문을 제기하는 데 그 중점을 둔다. 결국 조용기 목사의 신학은 '삶의 신학' 이다. 이것은 상황화 신학의 범주 안에 포함된다. 일부 신학자들은 그의 신학이 샤머니즘적인 요소가 있다고 주장하나 사이몬 찬의 주장처럼 조용기 목사의 사역은 실제적인 사역이다. 이는 그의 국내외 선교 사역에서 충분히 알 수 있다. 또한 상황화 신학의 부작용을 낳은 종교다원주의 신학과 혼합주의를 거부하여 선교 대상자에게 유일하신 하나님을 전하는 성경적인 선교전략을 사용하는 선교가이다.

선교 사역에 있어서 세계의 다양한 인종과 문화는 그에 따른 수많은 전략을 필요로 하며 그 전략은 나라마다 다르다. 많은 신학자들과 선교사들은 그 전략들을 계획하고 실천하면서 더 다양한 전략들을 찾아낸다. 또한 그들은 복음의 진리는 변질되지 않으면서 제각기 다른 문화 속에서 어떤 접촉점을 찾기 위해 연구하기도 한다. 선교 전략 중에서 한 가지 중요한 요소는 다른 문화와의 접촉점을 찾아내는 것이다. 선교사업은 곧 다른 문화에서의 활동을 의미한다.

그러므로 선교 전략은 문화적 충격, 그리고 문화적 장벽이라는 문제를 이론적이고도 실제적으로 다루지 않고는 세울 수 없다. 이러한 측면에서 상황화 신학은 토착화 신학이라든지 혼합주의, 종교 다원주의라는 부작용을 낳기도 하지만 조용기 목사의 상황화 신학 즉, 각기 다른 사람의 자리에서 접촉점을 찾아내어 타문화권에서 선교 성공을 이룬 그의 신학은 성공적이라 할 수 있다.

조용기 목사의 신학이 지닌 뛰어난 적응성이 그 성공 요소로 작용하였음은 물론이다. '삶의 자리'를 위한 전략에는 희망이 있다. 생동감이 있는 그의 상황화 선교전략은 해외 성회에서도 쉽게 찾아볼 수 있다. 해외 성회에서 조용기 목사의 설교는 5중복음과 3중축복이 주를 이루고 있다. 가난하고 병든 자들을 위해 소망의 메시지를 주어 삶의 용기와 새로운 희망을 심는다.

그는 상황에 따른 다양한 설교를 선포해 복음의 진리를 심어주는 상황화 선교전략을 정확히 사용하는 복음 전도자임을 알게 한다. 신유가 필요한 곳에서는 수천 명의 환자들이 고침 받는 역사가 있었다. 그의 신유 복음은 절대적이다. 아프리카, 남미, 인도 즉, 제3세계 성회에서는 신유 복음과 아울러 축복의 복음도 함께 강조한다. 신유 복음이 복음을 효과적으로 전파하는 데 가장 빠르다는 것을 조용기 목사는 강조한다.

"교회가 성장한 이유 중의 하나는 병든 사람들의 신유를 위해서 줄기차게 기도해 왔기 때문이고, 신유는 그리스도께서 명하신 선교의 지상

모스크바 대성회에 구름처럼 몰려든 성도들

명령과 같은 의미에서 시대를 초월하여 교회가 계속해야 하는 과제이다. 신유의 역사가 하나님의 사랑과 자비와 은혜를 사람들에게 베풀고 구원을 가져오는 가장 효과적인 방법이기 때문이다."

이렇듯 그의 메시지는 세계 어느 곳에서든지 5중복음과 3중축복임을 확인할 수 있다. 메시지의 전반적인 주장은 하나님께서 인간의 영혼에만 관심이 국한되신 것이 아니라 인간의 영, 혼, 육, 물질, 환경에 관심을 가지고 치료하신다는 것이다.

실제로 그의 아프리카, 인도 등 제3세계 국가들을 향한 선교 핵심은 신유 복음과 삶의 모든 문제를 해결하시는 그리스도를 믿는 축복의 복음인 것이다. 이것은 삶에 있어서 역동성을 지닌 전인적인 구원이며 희망이다. 그러한 통전적인 신유는 그의 선교 사역에서 가장 효과적이고 효율성을 가진 전략이다.

조용기 목사는 해외 성회 메시지에서 이미 2000년 전에 우리의 질병을 예수님께서 다 고치셨기 때문에 우리는 믿기만 하면 된다는 점을 특히 강조하고 있다. 조용기 목사의 신유는 믿음으로 구원을 얻었으며 또한 병 고침도 반드시 믿음으로 값없이 얻는 것임을 알 수 있다. 이러한 믿음의 신유는 시대와 환경, 장소, 인종, 문화를 초월하여 그 비밀은 동일하다.

그가 주장하듯이 인간을 사랑하시는 하나님의 사랑은 이 시대의 구석구석까지 치유하시기를 원하신다. 변치 않는 성경의 확실한 예언을 통하여 우리 주 예수님은 우리의 죄악과 질고와 아픔을 친히 담당하시고 짊어지심으로써 우리에게서 옮겨버리신 것을 알려 준다.

나아가 신유는 인간뿐만 아니라 환경과 물질, 모든 것을 치유하심으로 인해 하나님의 나라가 가난하고 헐벗고 굶주린 자들에게, 사회에, 국가에, 세계에 도래함을 믿고 선교에 임한다.

3. 선교의 입력 구조에서 선교의 출력 구조로

조용기 목사는 2004년 〈DCEM〉과의 특별 인터뷰에서 세계 선교 사역을 함께하는 동역자들에게 다음과 같이 말했다.

"우리는 예수님의 명령에 순종하여 땅 끝까지 전하는 복음의 증인이 되어야 한다는 사실을 잊어서는 안 됩니다. 복음 전파에 있어서 가장 중요한 것은 영혼 구원입니다. 그리고 복음을 보다 효과적으로 전하기 위해서 의료 사역과 구제 사역이 필요한 것입니다. 그러나 무엇보다도 중요한 것은 이러한 일에 앞서 영혼을 사랑하는 마음이 우선시되어야 합니다. 영혼 구령을 뒤로한 사역은 동정에 불과합니다. 선교사들은 누구보다 앞서 예수 그리스도의 이름으로 사랑을 실천해야 합니다. 복음을 통해 죽어가는 영혼들이 다시 살아나 천국에 갈 수 있도록 인도해야 하는 것입니다.

첫째도, 둘째도, 셋째도 영혼 구령이 가장 우선시되어야 한다는 사실을 묵과해서는 안 됩니다. 목회자와 선교사들은 이것을 명심하여 지상명령 성취에 최선을 다해야 할 것입니다."

그의 말처럼 그는 평생을 영혼 구령을 위해 몸 바쳐 왔다. 그리고 그 노력은 국내에 머무르지 아니하고 전 세계를 향했다.

전 세계적으로 현대 3대 부흥 강사를 뽑으라면 흔히들 독일의 본케 목사, 미국의 베니 힌 목사, 그리고 한국의 조용기 목사를 꼽는다. 그러나 그 중에서도 최고의 활약가는 단연 조용기 목사이다. 왜냐하면 본케 목사와 베니 힌 목사는 주로 미국과 유럽에서 집회를 하지만 조용기 목사는 세계 어디든 안 가는 곳이 없다.

조용기 목사의 특징은 전 세계 어디를 가든지 결신의 시간을 갖고 신유 기도를 하는 것이다. 선진국 후진국 할 것 없이 절대 절망에서 절대 희망을 찾는 메시지를 전한다.

그러므로 조용기 목사는 한국이 낳은 세계적인 성령 운동가이다. 그는 일찍이 선교의 눈을 세계로 돌렸다. 하나님께서 허락하신 언어의 재능으로 그의 첫 번째 해외 선교는 그 역사가 1964년으로 거슬러 올라간다.

1964년 조용기 목사는 미국 하나님의 성회의 초청을 받고 미국 하나님의 성회 교단 창립 50주년 기념식에 참석하기 위해 첫 번째 해외 여행길에 올랐고, 이 여행에서 그는 한국 대표로서 2개월간 미국을 순회하며 예배를 인도하고 한국 교회를 소개하였다.

이후 40여 년 동안 조용기 목사는 72개국에서 세계인을 대상으로 집회를 열었으며 교역자들을 위한 교회성장세미나도 개최해 왔다. 조용기 목사의 목회 신화를 전해 듣고 사모하던 해외 교역자들의 요청에 따라 여의도순복음교회에서 1976년부터 국제성장세미나를 개최하고 있고, 매년 수백 명이 한국에 와서 조용기 목사의 교회성장 비결을 배운다. 조용기 목사는 명실공히 현재 세계에서 가장 유명한 목사이며 세계 각국에서 가장 초빙하고 싶어 하는 강사이다.

여의도순복음교회는 1976년부터 국제교회성장연구원(이하 CGI)을 개설하였는데 매년 가을 CGI 대회를 연다. CGI는 세계 22개국 64명의 교역자들로 이사회가 구성되어 있는 범세계적인 기구로서 세계적으로 유명한 로버츠 슐러 목사, 피터 와그너 박사 등이 이사이다. 회원 수는 179개국 1만 8,000여 명이며 1,030여 만 명으로 추산되는 비회원을 가진 국제적인 기구이다.

조용기 목사는 해외 성회에서 말씀과 복음만 뿌리는 것이 아니라 교회성장세미나를 통해 수많은 교회들의 성장을 도왔다. 대표적인 교회들이 남미 콜롬비아의 보고타 교회로, 이 교회 담임 카스테라노스 목사는 조 목사의 구역 조직을 도입해 성도 50만 명이 넘는 교회로 성장시켰다.

또 남아프리카 공화국의 올머런스 목사는 1만 명이 넘는 교회로 만들었고, 인도네시아의 한 목사는 조 목사의 세미나와 안수 기도를 통해 성령을 체험하고 성령 운동을 펼쳐 교회를 발전시켰다.

CGI는 그동안 61개국에서 300여 차례의 성회와 세미나를 열어 연인원 1,030만 명이 참석했고 영문판 교회성장 관련 서적들을 발행하여 계간 영문 잡지 <교회성장>(Church Growth)은 세계 179개국 1만 8,000여 명의 정기독자들에게 배달되고 있다.

또한 1981년부터 미국에 CGI-TV 프로그램을 개설하여 방송 선교도 한다. DCEM은 2000년부터 긴밀한 업무 협력을 통하여 조용기 목사의 해외 성회를 돕고 있다.

조용기 목사는 1964년부터 2004년까지 CGI와 DCEM을 통해 72개국에서 350여 차례의 세미나와 집회를 열었는데 연인원 1,350여 만 명이 참석한다. 이와 같이 조용기 목사의 수많은 해외 성회에도 불구하고 여의도순복음교회 예배를 직접 참관해 배우고 싶다는 요청이 쇄도해 한국에서 매년 10월 교회성장세미나를 열고 있다.

세미나의 모든 강의는 영어로 진행되며 영어권이 아닌 나라 목회자는 통역을 데리고 와서 강의를 들을 정도로 그 열기가 뜨겁다. 여기에는 가톨릭 신자들도 소수 참여하고 있으며 세미나에 참석한 많은 참석자들이 교회 성장에 대한 감사 편지를 보내오고 있다.

CGI의 이러한 성공은 조용기 목사로 하여금 해외선교에 더 원대한 꿈을 꾸게 했다. 그 결정체가 바로 2000년 3월 DCEM 창설이다. 그는 월간 〈DCEM〉 2001년 1월호 신년 인터뷰에서 DCEM의 역할에 대하여 다음과 같이 말했다.

"나는 세계를 선교하는 데 있어서 두 가지 방향으로 생각하고 있습니다. 첫째는 우리가 직접 선교사역을 통해서 세계를 공격하는 방법입니다. 아프리카 대륙은 유럽이 책임을 져야 한다고 생각합니다. 지리적으로도 가깝고 유럽이 아프리카를 많이 수탈했기 때문에 그 대가를 지불해야 해요. 남미는 미국이 책임을 져야 합니다. 바로 이웃나라이고 여러 가지로 유리한 점이 있을 테니까요.

그렇다면 한국 교회가 주로 책임져야 할 곳은 우리가 소속된 아시아 태평양입니다. 물론 다른 지역에서도 선교 활동을 계속할 것이지만 앞에서도 언급했듯이 인도네시아, 중앙아시아, 홍콩을 중심으로 한 아시아 태평양 지역에 주력할 것입니다.

DCEM은 내가 앞으로 하고자 하는 세계 선교를 향한 큰 꿈입니다. DCEM은 주로 부흥 사경회를 통해서 기존의 교회들을 깨우고 교회사역을 도와주는 역할을 해야 하기 때문에 DCEM은 직접 나가서 교회를 개척하는 일은 하지 않을 것입니다.

마치 공수부대가 들어가서 폭격을 하는 것과 같아요. 공수부대가 도시

나 국가를 폭격해 놓고 그다음 보병들이 들어가 점령하는 것처럼 대 집회를 통한 폭격을 통해서 저항을 없애고 그리스도의 복음이 들어갈 수 있도록 기초를 만드는 것이 DCEM의 역할입니다. 그다음엔 보병들이 들어가 교회들이 도시와 국가를 점령할 수 있도록 도와야지요.

성령의 인도하심을 따라서 주로 내가 큰 집회를 하고 싶은 곳은 아프리카나 유럽이나 아시아 지역입니다. 남미는 주로 북미 지역 교회들이 선교해야 할 것입니다. 내년에도 특별한 변화가 없는 한 아프리카, 유럽, 아시아 지역에 치중해서 공략할 예정입니다."

개인적으로 정리한 DCEM의 자료에 의하면 2000년부터 2005년 6월까지 조용기 목사의 해외 성회는 33개국 46개 도시에서 51회의 집회를 통하여 319만 6,300명이 참석하고 20만 6,200명이 결신한 것으로 집계되었다.

여의도순복음교회는 2004년 말 현재 51개국에 629명의 선교사를 파송하였으며 509개의 교회를 세웠다. 선교사 가운데 500명은 한국 교민들을 위한 선교를 하고 100여 명은 원주민을 위한 선교를 한다.

또 해외에 7개 신학교를 세워 원주민 목사들을 배출하고 있다. 2000년까지의 집계에 의하면, 한국에서 파송한 선교사는 대략 6,000명으로 추산되는데, 그 가운데 10%를 여의도순복음교회에서 담당하는 셈이다.

나오는 말

　세계 기독교 역사상 유례가 없는 고속 성장을 해오던 한국 교회는 최근 그 성장세가 주춤한 가운데 있다. 이제는 양적 팽창보다는 성숙한 신앙인으로 훈련시키는 데 중점을 두어야 한다고 말하기도 한다. 양적 성장만을 추구하는 것은 옳지 않지만 그 속에서 선교의 필요성마저 희석되어서는 안 될 것이다. 한국 교회와 세계 교회의 가장 큰 요청 중의 하나는 선교의 필요성에 대한 믿음 회복과 전도자의 정당성과 필요성에 대한 확신이다.

　영국 국교회의 시드니 대주교였던 마커스 론(Marcus Loane)은 암스테르담 집회 설교에서 다음과 같이 주장하였다. "선교의 시대가 끝났다고 생각하기가 너무 쉽다. 그러나 이러한 종류의 사고가 비전을 상실한 교회를 말라 비틀어지게 한다. 비전과 전도를 상실할 때 교회는 명목만 따지게 된다. 자기들끼리만 상관하고, 내부 지향적이 되어 진정한 영적 생동감이 결여되는 것이다."

　복음을 전하는 것은 중단될 수 없다. 과거에도 그랬고 현재도 그러하며 미래에도 결코 중단될 수 없는 것이 선교의 사명이다. 이러한 의미에서 지금까지 살펴본 빌리 그레이엄 목사와 영산 조용기 목사는 20세기에서 현재에 이르기까지 그 사명을 위해 모든 것을 바쳐 온 사람들이며 가장 큰 선교의 역사를 이루어 온 사역자들이다.

흔히 역사상 그 어떤 복음 전도자도 빌리 그레이엄만큼 많은 사람에게 복음을 선포한 사람이 없을 것이라고 말한다. 빌리 그레이엄 목사의 활약상은 너무나 유명하기에 여기에서 더 이상 논한다는 것은 불필요하다. 그러나 우리는 이 시간 빌리 그레이엄 목사의 역사에 필적하는 또 한 사람의 위대한 전도자에 관해 언급하지 않을 수 없다. 그는 바로 영산 조용기 목사이다.

영산 조용기 목사가 설교할 때 과연 몇 명이 듣는지 통계를 내기란 사실상 불가능하다. 조용기 목사가 여의도순복음교회 대성전에 모인 교인들 앞에서 설교하는 모습이 위성으로 교회 여러 부속 성전과 제자교회 19곳, 지성전 21곳, 분교회 7곳, 기도처 148곳, 개척교회 435곳, 해외 13곳, 기타 8곳 등 651곳과 인터넷(www.fgtv.com)으로 생중계된다. 또한 매주 Good TV, CBS TV, CTS 기독교 TV로 설교가 녹화 방송되고 극동방송 등 21개 라디오로도 방송된다.

이뿐 아니라 미국, 우즈베키스탄, 스페인, 러시아, 유럽, 캐나다, 중남미, 대만의 13개 TV채널을 통해 조용기 목사의 설교가 매주 방송되고 있다. 현재는 설교 모바일 서비스, 설교 녹음테이프 판매도

전세계 목회자 중 최초로 '더 패밀리 오브 맨 메달리온'을 수상한 조용기 목사

활발하게 이루어지고 있으며, 그의 설교 전문을 수록한 전도지 '행복으로의 초대'가 매주 50만 부씩 발행된다. 게다가 그의 설교가 실린 저서 수십 권이 37개 국어로 번역되어 수백만 권이나 판매되었다.

한국이 선교 대상국이었던 1964년부터 해외 성회를 인도하기 시작한 조용기 목사는 2004년까지 최소 72개국 262개 도시에서 350회 이상의 세미나와 성회를 열었다. 1976년부터 시작된 교회성장 세미나에는 매년 외국 목회자 수백 명이 참가하고 있다. 그는 현재 세계에서 가장 유명한 목사이며 세계 각국에서 가장 초빙하고 싶어

하는 복음 전도자이다. 그의 이름은 한국에서보다 외국에 더 잘 알려져 있다.

조용기 목사는 이같이 해외에서 복음을 전하고 수천만 명의 사람들에게 영적으로 영향을 준 복음 전도자이면서도 가정을 아름답게 가꾸고 돌본 공로로 2005년 5월 18일 미국 뉴욕기독교교회협의회(CCCNY)로부터 패밀리 오브 맨 메달리온(Family of Man Medallion) 상을 수상했다. 이 상은 존 F 케네디, 아이젠하워 등 미국의 역대 대통령 7명과 록펠러 등 유수의 기업인을 포함한 24명만이 받은 권위 있는 상으로 조용기 목사는 한국인으로는 최초로 이 상을 받음으로써 세계적 복음 전도자로 다시 한번 이름을 알렸다.

이 책을 쓰면서 세계적인 복음 전도자인 두 사람을 깊이 만나게 되어 개인적으로 큰 은혜의 시간이었음을 고백한다. 이 두 사람은 평생을 오직 복음 전하는 일에 모든 것을 바쳐왔다.

두 사람의 출발은 달랐다. 빌리 그레이엄 목사가 유복한 가정에서 자라나서 순탄하게 목회자의 길을 걸어갔다면, 조용기 목사의 일생은 고난과 역경과 승리와 환희가 반복되는 한 편의 드라마 같은 세월이었다. 유복한 가정에서 집안의 몰락을 겪고 학업을 마치

지도 못한 상태에서 육신의 병을 얻어 괴로워하다가 신유의 은사를 체험하고 목회자로 투신하여서는 대조동 천막에서 5명의 성도로 시작한 교회를 한국 교회 사상, 아니 세계 교회 역사상 유례없는 성도 85만 명의 초대형 교회로 성장시키고 선교 대상국이었던 한국에서 일찍이 시선을 해외로 돌려서 1964년부터 해외 성회를 인도해 온 조용기 목사의 삶은 드라마틱하다고 표현할 수밖에 없다.

출발이 달랐기 때문에 그들의 행로도 여러 면에서 차이가 난다. 빌리 그레이엄 목사의 선교가 순수하게 복음 전도자의 입장에서, 다시 말해 전문적인 복음 강사의 입장에서의 선교였다면 영산 조용기 목사의 선교는 여의도순복음교회 목회자로서의 선교였다. 영산 조용기 목사는 목회를 시작한 이래 한번도 목회자로서의 소명을 놓아 본 적이 없다.

그 자신이 고백하듯 육신의 고통을 안고 있음에도 불구하고 연일 계속되는 집회와 해외 성회에서도 그는 목회의 임무를 잃지 않고 최선을 다해 왔기 때문에 오늘날 세계 최대의 교회를 이룩할 수 있었던 것이다. 그러므로 영산 조용기 목사의 선교의 중심은 여의도순복음교회였고, 한국 교회였다. 이 같은 목회자로서 조용기 목사의 선교는 그를 따르는 수많은 제자들을 배출하게 된다. 한국을 포함한 전 세계의 많은 목회자들이 직접 그를 만나서, 혹은 책으로, 방송으로 그의 목회와 영성을 흠모하고 그를 배우고자 한다. 그리고 그의 제자를 자처하는 수많은 목회자들이 세계 곳곳에서 목회 성공 신화를 만들어가고 있다. 앞에서도 언급했듯 콜롬비아 보고타의 카스테라노스 목사와 인도네시아의 아브라함 목사 등이 대표적인 인물이다. 이것은 놀라운 일이다.

영산 조용기 목사는 단순히 조용기 목사 본인이 직접 복음을 전하는 것을 넘어서서 수많은 제자들을 키워냄으로써 21세기 미래의 인재들을 양성하고 있는 것이다. 이 때문에 조용기 목사의 선교의 크기는 감히 이야기할 수 없다.

또한 그의 선교는 가난한 자들과 함께하는 선교였다. 구태여 오순절 운동의 역사적인 이야기를 꺼내지 않더라도 우리는 조용기 목사의 영성이 낮은 곳에 있는 사람들과 함께하는 데에 있음을 잘 알고 있다. 이것은 6·25전쟁 후 절대 절망에 빠져 있던 우리 국민에게 절대 희망을 전하였고 그 어떤 토착화보다도 더욱 우리 민중을 사로잡았다. 그리고 이런 그의 영성은 한국에만 국한된 것이 아니라 세계 선교에서도 세계 민중의 마음을 사로잡고 있다.

빌리 그레이엄 목사와 조용기 목사는 한 편에서는 같았다. 두 사람은 철저히 성경 중심이었다. 그들은 철저하게 성경에 근거한 메시지를 전달하였다. 그들의 설교, 신학은 철저하게 성경에 근거한 것이다. 비록 방식이 새로워서 잠시 논란의 대상이 된 적이 있었으나 시간이 흐를수록 그것은 정례화되어 갔다. 이것은 그들의 선교가 철저하게 성경에 기인한 까닭이다. 더하여 이러한 철저하게 성경에 기인한 메시지와 선교는 그들이 가는 곳마다 놀라운 역사를 이루었던 원동력이다.

무엇보다도 이들의 평생에 걸친 선교 사역이 빛을 발하는 이유는 영혼 구원에 대한 철저한 소명의식이다. 이들은 20세기의 세계 선교를 주도하면서 한 발 앞선 선교의 방식들을 선보여 왔다. 그러나 그 모든 것에 앞서서 누구보다 강한 선교의 소명의식을 가지고 있었다. 선교에 대한 그들의 굳건한 믿음이 놀라운 20세기 선교의 역사를 이루어 온 것이다.

빌리 그레이엄 목사와 영산 조용기 목사는 20세기 복음주의 운동과 오순절 성령 운동의 가장 대표적인 인물이다. 빌리 그레이엄 목사는 존 우드 브리지가 쓴 《그리스도의 대사들》에서 다음과 같이 고백했다.

"내가 할 일이란 끝까지 믿음을 지키고 내가 서 있는 곳이면 어디든 복음을 선포하는 것입니다. 언제나 바로 지금이 수많은 영혼의 구원을 위해 떠나야 할 때입니다. 언제든지 복음을 선포할 수 있다는 것은 부족하고 미흡한 마음은 있지만 대단한 특권이 아닐 수 없습니다."

조용기 목사는 2004년 봄 월간 〈DCEM〉과의 특별 인터뷰에서 다음과 같이 고백한다.

"우리는 예수님의 명령에 순종하여 땅 끝까지 전하는 복음의 증인이 되어야 한다는 사실을 잊어서는 안 됩니다. 복음 전파에 있어서 가장 중요한 것은 영혼 구원입니다. 그리고 복음을 보다 효과적으로 전하기 위해서 의료 사역과 구제 사역이 필요한 것입니다. 그러나 무엇보다도 이러한 일에 제일 먼저 영혼을 사랑하는 마음이 우선되어야 합니다. 영혼 구령을 뒤로한 사역은 동정에 불과합니다. 선교사들은 누구보다 앞서 예수 그리스도의 이름으로 사랑을 실천해야 합니다. 복음을 통해 죽어 가는 영혼들이 다시 살아나 천국에 갈 수 있도록 인도해야 하는 것입니다. 첫째도, 둘째도, 셋째도 영혼 구령이 가장 우선되어야 한다는 사실을 묵과해서는 안 됩니다. 목회자와 선교사들은 이것을 명심하여 지상

명령 성취에 최선을 다해야 할 것입니다."

마태복음 28장 19-20절의 선교 대위임령과 사도행전 1장 8절의 지상명령은 부활하신 주님께서 장차 세워질 신약교회 공동체를 향하여 주신 주님의 명령이다. "아버지께서 나를 세상에 보내신 것같이 나도 그들을 세상에 보내었고"(요 17:18)라는 말씀은 교회의 존재 이유를 밝혀준다. 선교 사명은 주님께서 주신 교회 공동체의 고유한 것이며 교회는 이와 같은 선교적 명령을 실천하기 위해 시작되었으며 존재하게 되었다.

다시 말해 교회는 선교를 통해 존재해 왔으며, 선교함으로써 존재하고, 선교를 통하여 앞으로 나아갈 수 있다. 그러므로 교회는 선교를 피할 수 없고, 선교 없이는 그 존재의 진정한 의미를 상실해 버리게 된다는 것을 빌리 그레이엄 목사와 영산 조용기 목사는 평생의 삶을 통하여 보여준다.

21세기에 들어선 지금 한국 교회와 세계 교회는 선교의 재고를 이야기한다. 시대가 바뀌었고 상황이 바뀌었다고 말한다. 그러나 20세기가 시작되던 때에도 세계 교회들은 절대 절망을 말하고 있었다. 그럼에도 불구하고 절대 절망의 상황 속에서 더욱 큰소리로 복음을 외친 빌리 그레이엄 목사가 있었다.

또 전쟁의 잿더미 위에서 우리와 함께하시는 하나님에 대한 절대 희망을 외치던 영산 조용기 목사가 있었다. 그리고 놀라운 선교의 역사가 있었다. 시대와 상황이 바뀐 것이 아니라 우리의 신앙이 바뀐 것이라는 것을 이번에 깨닫게 되었다. 어제나 오늘이나 영원히 변함없는 주님께서 우리와 함께하여 주시기를 기도한다.

부록 1.

영성과 전도

2012년 9월 28일 서울신학대학교 100주년기념
제1기 영성강좌 조용기 목사 강연 내용
장소 : 서울신학대학교 존 토마스홀

유서 깊은 신학대학교의 총장님이 저 같은 사람을 초청해주신 것을 영광으로 생각합니다. 제가 신학교에 다닐 때 아현동에 성결교 신학교가 있고, 성결교 큰 교회들이 있었기 때문에 성결교회에 출석해서 많은 은혜를 받고 신앙에 굉장히 도움을 받은 기억이 납니다. 저는 1958년 5월 18일 불광동 대재마을이라는 곳의 깨밭에 24인용 천막을 치고 가마니를 깔고 교회를 개척했습니다.

그 때 하나님의성회 교회는 한국 교계에서 전혀 이름이 없는 막 시작하는 교회라 굉장히 불이익을 당하고 멸시를 당하고 어떤 사람은 이단으로 취급하는 그런 형편이었기 때문에 교회를 개척하는 데 굉장히 어려움이 있었습니다. 돈도 없고 해서 제가 리어카를 끌고 남대문시장에 가서 미군이 쓰다 버린 24인용 천막을 사서 싣고 불광동까지 리어카를 끌고 와 깨밭에 천막을 세웠습니다. 그리고 목회를 시작했는데, 전통적인 신학교에서 배운 신학을 기초로 해서 중생, 성결, 신유, 재림, 성결교 신학을 배운 대로 답습해서 설교를 했지만 아무도 안 오는 겁니다.

　목회자가 설교를 하는 데 아무도 안 온다는 것은 정말 치명적인 것입니다. 그 때 그곳에 사는 사람들은 가난하기 때문에 천국과 지옥에 대한 관심이 없었습니다. 대표적인 예로 함경북도 북청에서 피난을 온 한 가족이 찢어지게 가난하게 살고 있었는데 그 남편은 유 씨라고 해서 밤낮으로 술을 마시는데, 참 희한하게도 그렇게 가난하고 헐벗고 굶주리는데도 술은 생겨요. 그가 시내 나가서 술을 얻어먹고 돌아올 때는 곤드레만드레가 되어서 돌아오는데 완전 알코올 중독자입니다.

　그리고 그 부인은 이초희 씨라고 상당히 똑똑하고 교육을 많이 받은 분인데 얼마나 몸이 약한지 뼈만 남았습니다. 그런데 아들만 아홉 낳았어요. 그래가 단칸방에서 아버지, 어머니, 아홉 아들이 사는데 생활이 말이 아닙니다. 마치 돼지우리에 비유할 정도예요. 그곳에 전도를 갔다가 제가 굉장히 충격을 받았습니다. 교회에 나오라니까 이초희 씨가 문을 탁 열더니만 상반신을 내밀고 "무슨 교회? 웃기는 소리 하지 마라. 너희 예수님쟁이들 전부 사기꾼이야" 하는 겁니다.

　"왜 사기꾼이냐"고 물었지요.

　"천당이 좋다고? 좋지. 천당이 그렇게 좋고 아름다우면 천당의 부스러기라도 이 땅에 안 주냐? 죽고 난 다음에 천당이 좋다는 것은 나도 얘기할 수 있어. 가 본 사람 없으니까! 정말 천국이 좋으면 이 땅에 사는 동안에 천국의 부스러기라도 우리에게 주고 천당을 오라고 해야 되지 않아?"

그 말을 가만히 들으니까 맞더라고요. 내가 "안 믿으면 지옥에 갈 텐데 어떻게 하겠냐?"고 그랬더니 "하하하" 웃으면서 "지옥? 이 방 안에 들어와 봐. 이게 지옥이지. 벌써 지옥에 사는데 무슨 지옥을 가지고서 큰 소리를 해. 우리는 천당도 기대하지 않고 지옥도 무서워하지 않으니 먹을 것, 입을 것, 있을 곳이나 마련해줘." 그렇게 나오는데 복음을 전할 수 없어요. 천막교회로 돌아와서 엎드려 기도 드렸습니다. "주님이시여, 천당도 안 믿어주고 지옥도 두려워하지 않는 저들에게 어떻게 복음을 전합니까?"

그렇게 탄식을 하고 난 다음 또 다른 이웃집에 전도를 갔는데 무성이 엄마라는 한 서른다섯 여섯 살 먹은 젊은 부인인데 남편은 농사꾼이고, 이분도 농사만 짓고 술만 마셔서 집안이 엉망이었습니다. 그런데 무성이 어머니는 중풍 병에 걸려 있었어요. 중풍 병에 걸린 상태에서 아기를 나았어요. 그 아기 이름이 무성인데, 그러니깐 완전히 이것은 집 안이 아니라 화장실이예요. 방 안에서 대소변 다 보고 아무도 치우지 않으니까 방은 엉망진창이고 거름 무더기예요. 남편은 일하고 와서 술 먹고 꼬꾸라지고, 그곳에 가서 무엇을 어떻게 전도합니까? 천당, 지옥을 말할 수 없었어요. 근데 그게 다가 아닙니다. 어느 집에 가나 다가 좌절과 절망만 가득 찼어요.

그들의 가장 대표적인 모습이 절망입니다. 내일에 대한 희망이 없어요. 그들에게 복음은 동떨어진 것이었습니다. 그래서 주님께 기도를 했습니다. "주님, 신학교에서 배운 전통적인 설교를 갖고 전도를 할 수가 없습니다. 교회를 이끌고 나갈 수가 없습니다. 어떻게 할까요?" 그 때 성령께서 제 마음속에 깨달음을 주시는 것입니다.

"내가 전한 복음을 전해야지 너의 생각을 복음으로 전하면 어떻게 하느냐? 너는 네 신학을 가지고 전하지만, 내가 전한 복음은 네가 전하는 것과 다르다. 나는 성령 받고 나와서 제일 먼저 나사렛 회당에 외친 것이 가난한 자에게 복된 소식을 전하러 왔다고 했다. 그리고 포로 된 자에게는 자유를, 눈 먼 자에게는 다시 보게 함을 전파하며, 눌린 자는 자유하게 하고 하나님의 은혜를 지금 바로 알게 하는 실제적인 복음이다. 고통 속에 빠진 사람을 건져주는 실제적인 복음. 현재 보고 듣고 느끼고 맛볼 수 있는 복음을 전해야지. 너는 이론적인 복음을 증거하니까 실패하지 않느냐? 이 사람들은 이론이 필요한 게 아니다. 실제로 이 사람들이 먹고 입고 마시고 만질 수 있는 복음을 전해라."

그래서 제가 가만히 생각하니까 나는 이 사람들에게 줄 쌀도 없고, 돈도 없고, 의복도 없고, 집을 지어줄 만한 처지도 못 되고, 아무것도 없는데 내 입만 살아 있는 겁니다. 그런데 주님께서 제게 가

부록 1. 영성과 전도

르쳐주신 것은 이 사람들의 운명을 바꿀 수 있는 길이었습니다. 그것이 뭐냐? 소망이다. 소망을 주어라! 소망을 주면 이 사람들이 살아 일어난다.

그래서 이초희 씨 집에 다시 갔습니다. 문을 두드리니 문을 열고 대뜸 하는 말이 "왜 왔어, 또? 예수 얘기 하지 말라고 했는데 왜 왔어?" 그래서 난 "팔자를 안 고치겠습니까?" 했어요. 그랬더니 "누가 팔자를 고쳐?" 하는 겁니다. 난 "팔자를 고치는 사람을 아는데 그분 한번 만나보시겠어요?" 했지요. 그랬더니 귀가 솔깃해서 "어디에 있어요?" 해요. 그래서 "나를 따라오면 만나요" 했습니다.

팔자를 고친다니까 집에서 나와 슬리퍼를 신고 따라 오더라고요. '천당 지옥에 가자니깐 안 오더니만 팔자 고친다니까 따라 오네'라고 생각했지요. 그분들은 지금 팔자 고치는 게 가장 시급한 문제였습니다. 그게 소망이거든요. 논두렁을 걸어서 산비탈에 세운 천막 앞에 서니까 "그 사람이 어디 있어?" 하는 겁니다.

"그분은 이 안에 계신다"고 했지요.

그러니까 천막을 살짝 들쳐서 안을 들여다보더니 깔깔깔 웃더니만 "이제 보니 당신 팔자나 내 팔자나 같으면서 무슨 팔자를 고친다고 그래?" 해요.

"맞았어요. 내 팔자도 당신 팔자와 같습니다. 그러니까 우리 함께 팔자를 고치는 예수님을 한번 찾아봅시다. 예수님은 우리의 팔자를 고쳐주십니다. 십자가에 못 박혀 몸을 찢고 피 흘려 죄만 용서하신 게 아니라 병도 고치고, 그리고 못 먹고 사는 사람들에게 먹을 길을 열어주시는 예수님이십니다. 예수님을 찾으면 영혼이 잘되고 범사가 잘되며 강건하게 만드는 삼박자 복을 주십니다."

내가 힘을 내서 소망에 대한 얘기를 하니까,

"진짜 예수님 찾으면 그런 것이 일어나?" 그래요.

"일어납니다. 이제부터 기도합시다."

그래서 새벽기도에 나오기 시작했어요. 그 술주정뱅이 남편을 위해서 기도하고 자식들을 위해서 기도를 했는데 한 3개월 기도하고 난 다음 남편이 알코올 중독에서 해방이 됐어요. 그런데 그 과정에 아주 어려움이 많았어요. 우리가 남편을 위해서 기도하니까 술이 잔뜩 취해서 기도하는데 들어와 가지고서 뭐라 하느냐 하면,

"뭐 날 위해서 기도한다고? 기도하는 그것이 반찬이 되어 술맛이 얼마나 좋은지 모른다."

아 그 말 들으니까 낙심이 탁 되요. 술에서 해방되라 했는데 술맛이 더 있다고 하니깐. 근데 그게 마귀의 수작이에요. 그러나 계속 기도하고 난 다음에 하루 저녁에 이초희 씨에게 쪽지가 왔어요. 우리 남편이 갑자기 눈을 치켜뜨고 고함을 치고 죽어가니 빨리 와달라고요. 그래서 밤중에 뛰어 가보니까 막 경련을 일으키고 입에 거품을 물고 그래요. 저는 속으로 '아 술 마귀가 나가는구나' 하고 알

앉습니다.

예배를 드리고 안수하면서 술 마귀는 나가라고 고함을 치고 기도했는데, 그 날로 알코올 중독에서 해방되어 버렸어요. 알코올 중독에서 해방되니까 함경도 도민회에서 이 사람에게 직장을 줬습니다. 직장을 갖게 되고 월급을 받아오기 시작하니까 은행에 담보를 해서 내가 담보도 같이 서고 해서 돈을 빌려가지고 조그마한 집을 지었어요. 지금의 집과 비교하면 집도 아니죠. 그러나 그 때는 굉장히 큰 맨션같이 보이는 집을 지었습니다. 집을 짓고 난 다음 그 아들 아홉을 학교에 보내기 시작했습니다. 그리고 유엔 부식곡물 받아서 먹고 가정이 안정되고, 나중에 아홉 애들 중에 세 명이 우리 교단 목사가 되었어요.

그 집은 완전히 영혼이 잘됨같이 범사도 잘되고 강건하게 되었습니다. 그 사람들이 전도 팀이 돼서 "예수 믿으면 하나님께서 이 땅에서 천국을 준다"고 외치는데, 최자실 목사님하고 내가 가서 집안 소제 다 하고 밥을 해주고 완전히 우리가 살림을 살아줬어요.

무성이네 집에도 기적이 일어났습니다. 중풍 걸린 무성이 어머니 때문에 집에 가서 빨래해주고 그리고 난 다음에 안수기도 해주고, 여섯 달 동안 그렇게 했는데 하루는 심방을 가니깐 무성이 어머니가 무성이를 업고서 문간에 나와 있어요. 놀라서 물었지요.

"아니 중풍 걸린 사람이 어떻게 나왔느냐"고 그러니까,

"간밤에 목사님이 내게 와서 예수 이름으로 일어나라 해서 내가 일어나니까 건강해지고 애를 안아 보니까 애가 안아지더라고 해요". 내가 간 적이 없는데 분명히 우리 집 대문 밖에서 와서 일어나라 했대요. 천사가 온 것이지요. 깨끗이 나았습니다. 그 이후 무성이 어머니가 무성이를 업고 우리를 따라다니면서, "나 보소. 나는 중풍으로 버림받은 사람인데, 6, 7년간 드러누웠던 사람이 예수 믿고 나았습니다."

그렇게 외치고 다니니깐 사람들이 모여오기 시작했습니다. 내가 지혜로운 말로 설교한 것도 아니고 인간의 수단과 방법으로 한 것도 아니고 하나님의 능력이 나타난 증거가 있으니까 부인을 할 수 없지요. 사람들이 모여오기 시작하는데 천막교회를 친 그곳에 3년 만에 동네 태반의 사람들이 다 예수를 믿어 500명의 신자가 됐습니다. 그리고 난 다음 거기서 제가 깨달은 것은 '아, 복음이란 먹고 입고 마시는 복음이 되어야지. 이론으로 치우친 복음은 안 되겠구나. 성경에 바울 선생이 말한 것처럼 인간의 지혜나 철학으로 하지 아니하고 하나님의 성령의 능력으로 하여 사람들의 믿음이 인간의 지혜에 있지 않고 하나님의 능력에 있게 하려 했다는데 정말 그것이 맞다' 는 걸 깨달았습니다.

그래서 강하게 영혼이 잘됨같이 범사가 잘되며 강건함을 얻는다는 복음을 전한 것은 그 속에 희망이 있기 때문인 것입니다. 여러분,

인간에게 가장 중요한 것은 희망입니다. 희망이 있으면 어떠한 역경도 딛고 일어나는데 희망을 잃어버리면 죽음이 들어오는 것입니다.

제가 유럽에 다니면서 복음을 전하는데, 독일에서 일어난 일입니다. 독일은 아주 까다로운 나라인데 좀처럼 사람이 안 모이는데 베를린에서 시작해서 한국에서 연단을 받은 희망의 복음을 전하기 시작했지요. 사람들이 그래요. "독일은 경제가 발달되고 사람들이 잘 살아서 그런 스타일의 복음은 통하지 않는다면서 더 이론적이고 과학적이고 철학적이고 윤리적이고 도덕적이고 신학적인 메시지를 전해야 한다고. 그런 어린 아이 같은 복음을 전하면 안 된다"고요.

그래서 나는 바울 선생과 같이 하겠다고 했습니다. "바울이 아덴에 가서 예수 그리스도를 전하지 아니하고 너희 가족이 신앙심이 많도다 하면서 신앙심의 설교를 해서 한 사람도 구원하지 못했다. 그 다음 그가 회개하고 말한 것이 '내가 그리스도와 그 십자가에 못 박힌 것 이외에는 알지 않기로 결심했다'고 성경에 말했다"고 했지요. 바울 선생이 십자가와 못 박힌 그리스도 이외에는 알지 않기로 결심한 것같이 나도 십자가에 못 박힌 예수를 증거하고 설교하기로 한 것입니다. 예수가 왜 못 박혔습니까? 우리 죄를 사하시기 위해서 못 박혔잖습니까! 우리의 성결을 위해서 못 박혔잖습니까! 우리의 질병을 짊어지고 못 박혔잖습니까! 거기에 내가 하나 플러스한 것이 뭐냐, 우리의 저주를 대신 짊어졌다는 것입니다.

예수 그리스도의 은혜를 너희가 알거니와 저가 너희를 위해서 가난하게 되심은 저의 가난함을 인하여 부요케 하려 했다고 고린도 후서 8장 9절에 말한 것처럼 저주도 짊어졌다, 그리고 죽음을 짊어 지고 청산했다, 그래서 성결교에서 말하는 중생, 성결, 신유, 재림, 그 다음에는 제가 축복을 하나 더 넣었어요. 그래서 내 친구이고 성결교 여러분의 선배인 이만신 목사가 오늘날도 나만 만나면, "로얄티 내놔라! 로얄티 안 내고 성결교 진리를 가지고서 하나를 더 붙여 가지고 쓰고 있느냐"고 합니다.

　사실 내가 성결교에서 믿는 근본 교리에다가 축복을 하나 보탠 것은 순전히 내 경험에 의해서 한 것입니다. 왜냐면 헐벗고 굶주리고 가난한 사람이 예수를 믿으면 축복을 받는 것은 사실이니까요. 그것을 담대하게 전해서 전도하니까 내가 기복 신앙을 전한다고 욕도 많이 얻어먹었습니다. 하지만 그걸 유럽에 가서 제가 그대로 전달했어요. 많은 사람들이 날 말렸어요. 유럽에서는 통하지 않는다고 했는데, 유럽에서 전도할 때 제일 처음엔 한 50명이 모였습니다. 스피치 목사의 교회에서 모였는데 사람들이 병이 낫기 시작하자 3천 명, 5천 명의 군중들이 모여요. 독일에서 사람들이 모여서 큰 집회 하니까 그 다음에 노르웨이, 덴마크, 스웨덴 등 북구 여러 나라에서 인산인해로 모여요. 제가 스톡홀름에서 집회를 하는데 8천 명 들어가는 강당을 빌렸습니다. 그러니깐 한국 대사가 나를 찾아왔어요. 제발 포기하고 철수해 달라고.

여기는 사람들이 안 모이기로 유명한 스웨덴인데 더구나 한국 사람은 제3세계 사람으로 굉장히 무시하고 노동력이나 팔아먹는 그런 나라라고 생각하고 있는데 목사님이 와서 이 텅텅 빈자리에서 사람도 없는데 설교를 한다고 일간신문에 대서특필로 나옵니다. 한국 사람의 헛된 꿈이라고. 그러니까 나라 망신시키지 말고 그만 두라는 거예요.

그래서 내가 그랬습니다.

"대사님, 대사님은 국가를 대변하는 일만 잘하면 되고 나는 예수님의 대사로 왔으니까 세상 대사는 아닙니다. 나에게 명령하지 마십시오. 그리고 두고 보십시오."

스웨덴의 스톡홀름에 에크만 목사라고 아주 큰 교회의 목사님이 있었습니다. 그 목사님의 도움을 받아서 집회를 했는데 사흘 만에 8천 명이 다 차고 자리가 모자라서 옆에 있는 강당을 빌려서 텔레비전으로 연결하는 사건이 일어났습니다. "삼박자 축복, 영혼이 잘됨같이 범사가 잘되며 강건하다. 구원 받으라. 성결 얻어라. 치료받는다. 축복 받는다. 너 천국 간다"고 했지요. 사람들은 마음에 근본적인 필요를 가지고 있어요. 사람들은 죄책과 절망, 허무와 무의미, 죽음과 공포, 생활의 좌절, 근본적인 공허를 가지고 있는데 그 필요를 채워주기 때문에 오는 겁니다. 사람의 생활 속에 반드시 채워져야 될 요구가 있는데 그 요구를 채워줘야 되요. 필요를 채워주는 메시지를 전한 것입니다.

제가 2년 전에 서울 외교 구락부에서 크리스마스 파티를 하는데 설교해달라고 해 가니깐 이 스웨덴 대사가 나이가 많아서 은퇴했는데 반갑게 나의 손을 잡고 악수를 하면서 "내가 너무 목사님을 만나려고 했는데, 이제 만나서 기쁘다고" 해요.

그래서 내가 "왜 그러시냐"고 하니까, 회개하려고 한다고 해요. "제가 그때 목사님보고 강당에서 설교하지 말라고 그렇게 간청한 한 것이 두고두고 마음속에 죄책이 되었습니다. 나는 내 평생에 그렇게 많은 사람이 스웨덴에 모인 것을 보지 못했습니다."

사람들이 필요로 하는 것을 채워주면 모이게 됩니다. 문명국일수록 더 많은 사람들이 마음의 필요를 가지고 있는 것입니다. 우리 한국을 보십시오. 60년대 어려울 때는 거의 자살하는 사람 없었습니다. 근데 요사이 잘살고 국민소득 3만 달러에 가까워진 오늘날에 와서는 얼마나 자살하는 사람이 많습니까? 사람들의 마음속에 좌절과 우울과 공허가 더 심한 것입니다. 그래서 그리스도의 십자가 대속의 은총을 가지고 전하는데, 제가 전하는 것은 십자가를 바라보라는 것입니다.

십자가에는 우리 죄 용서함이 있고, 우리 성결함이 있고, 우리 허물을 다 용서해주시는 용서와 긍휼이 있습니다. 그 다음에 십자가를 바라보면 우리의 허물을 친히 담당하시고 병을 치료하시는 신유가 그 위에 있으며, 십자가를 바라보면 그리스도께서 우리를 위하여 저주를 받은 은혜가 있습니다. 율법의 저주에서 우리를 속량하신 것입니다. 기록된 바 나무에 달린 자마다 저주 아래 있는 자라 하였으며, 아담의 저주받은 땅에 주님이 저주를 대신 짊어지고 해방시킨 것이 분명히 기록되어 있습니다. 그러면 죽었다가 부활한 성결교의 4중 복음에 나는 축복을 더해 순복음의 오중복음을 만들었는데 십자가를 바라보고서 설교를 하고 그것을 전도하니까 많은 사람이 공격해도 성경에 기록된 사실은 부인할 수가 없습니다.

저는 신학으로써 환경을 만들려 했다 실패했습니다. 환경이 나의 신학을 만들어준 것을 불광동에서 개척을 해서 경험한 것입니다. 너무나 헐벗고 굶주리고 가난한 사람들을 봤기 때문에 그들을 도와줄 길을 찾다가 유일한 길이 십자가의 소망밖에 없다는 것을 깨달았습니다. 우리는 돈도 없고 집도 못 주고 옷도 못 주지만 소망은 줄 수 있습니다. 왜? 십자가의 소망은 남녀노소 빈부격차를 구별하지 아니하고 영원한 것이기 때문에 십자가의 소망이 있는 이상 어느 곳에서나 복음은 성공하는 것입니다.

브라질에 가서 집회할 때입니다. 브라질 군 비행장에서 집회를 했는데 150만 명이 모였어요. 근데 150만 명 군중 한가운데 강단이 있는데 강단까지 갈 수가 없어요. 왜냐하면 남미 사람들은 스페인 사람들처럼 인사할 때 끌어안고 인사하지 않습니까? 그러니 그 많은 군중에게 끌어 안겨가지고 갈 수가 없어요. 몇 번 시도하다가 강단을 못 올라가니까 우리 팀 한 사람이 헬리콥터 회사에 연락해서 헬리콥터를 타고 강단에 내렸습니다.

그렇게 많이 모이니까 정치가들이 가만히 있습니까? 브라질 대통령이 연락이 왔어요.

"자기가 와서 한번 강연을 하고 싶으니까 시간을 달라"고요.

오라고 했어요. 그래서 내 부흥회 와서 대통령이 설교하고 연설을 해준 적이 있습니다.

과테말라에 갔을 때는 집회가 아주 대중에게 인기가 있어 많이 모이니까 과테말라 대통령이 자기 차를 운전해 와서 이러는 겁니다.

"오늘부터 내가 목사님 개인 쇼퍼(chauffeur)가 되겠습니다. 마칠 때까지 내가 운전하겠습니다." 대통령이 집회 담당 운전기사를 쫓아버리고 자기가 차를 가지고 운전을 하니깐 경호가 얼마나 삼엄한지 말로 다 할 수 없어요. 아 그러니깐 신문에 뭐라고 났냐면 조용기가 와서 공산주의 이론에 대해서 반대하니 조용기를 우리가 생포하겠다. 아 그렇게 신문기사가 났어요.

하루는 아침에 식사를 하는데, 나와 같이 간 미국 부흥사 한 사람이 자기가 꿈을 꾸었다고 그래요.

"무슨 꿈이냐"고 했지요.

"꿈에 게릴라들이 완전무장하고 호텔에 침입해 들어가서 당신을 잡아서 묶어서 끌고 가는 것을 보았다"는 겁니다.

우리 교회 장로님들 몇 십 명이 날 따라 갔는데 식사를 하고 난 다음에 장로님들 방에 전화를 하니까 다 없어요. 보니깐 내가 4층에 있었는데 전부 7~8층으로 옮겨가 버렸어. 겁을 집어먹은 거지요. 그런데 오직 한 사람만이 4층에 남아 있어요. 그 사람은 여수 출신 깡패인데 내가 불광동에 개척할 때 그 사람 때문에 애를 많이 먹었어요. 그는 그 가난한 동네에 유일한 주먹잡이로 돌아다니면서 협박 공갈하고 그러는 사람인데 교회에 종을 사다 놓으면 와서 떼어 엿 바꿔 먹어버려요. 다시 사다 달아 놓으면 또 와서 떼어가요. 참 그 사람 때문에 고통 많이 당했습니다. 선교사가 나 심방하는 데 고생한다고 아들이 타는 자전거를 줬는데 그 깡패가 내게 와서 자전거 좀 빌려달라고 하는 거예요. 선교사가 준 것인데 복음 전도하는데 타야 하니깐 안 된다고 했지요. 그런데 한 번만 빌려달라고 졸라서 빌려줬더니 영원히 빌려주게 되었습니다.

그런데 내가 말하고자 하는 것은 이 사람이 교회 물건 훔치다가 변화된 것입니다. 하루는 주일학교 애들이 기도하는데 와서 종을 훔치려다가 애들에게 잡혔어요. 애들이 잡고서 목에 매달리고 등허리에 올라타고 한 애는 다리 잡고 팔 잡고 "사탄아 물러가라 귀신아 물러가라"고 소리를 치는 겁니다. 내가 방에 앉아 있으니까 헉헉 하는 소리가 나요. 그래서 나가보니까 애들이 막 죽는 소리를 하고 그 사람의 옷을 잡아당기고 올라타고 막 고함을 치는데, 아 그 사람의 입에서 헉헉 하고 토하고 그러더니만 주저앉아 회개를 하는 겁니다. 그 이후에 신자가 되고 교회를 지키는 사람이 됐지요.

그가 교회에 있으니까 아무도 우리 교회에 손을 못 댔어요. 누구든지 교회 물건만 훔치면 내가 가만 두지 않겠다고 하니 도둑은 일절 교회에 오지 못했지요. 그 사람은 후에 신학을 공부하고 목사가 되어 목회하다가 이제 은퇴했습니다. 제 제자로서 정말 자랑스럽게 생각하고 있습니다.

남미는 분위기가 살벌했습니다. 그럼에도 불구하고 군중이 하도 많이 모이니까 대통령이 직접 와서 운전을 해주고, 아프리카에서는 많은 대통령들이 자가용 비행기를 내줬어요. 그래서 아프리카에는 자가용 비행기를 타고 다니며 집회를 했지요. 아프리카 대통령들이 왜 자기 자가용을 내줍니까. 소망을 주었기 때문인 것입니다.

몰트만 박사는 독일의 신학자로서 유럽과 세계에서 저명한 인사입니다. 제가 독일에서 부흥회를 많이 하고 사람들이 많이 모이니깐 몰트만 박사가 굉장히 마음이 불편했는가 봐요. 몰트만 박사는 상당히 학문적이고 신학적인 영향이 큰 분인데 내가 너무 보수신앙을 증거하니까 나에 대해 비판적인 글을 많이 적고 그랬어요. 최자실 목사님이 옛날에 늘 말하기를 개가 짖어야 개처럼 달린다고 했어요. 그 말이 생각나 외국 땅에 와서 집회하는데 그 사람에게 내가 대답할 필요가 있냐? 그냥 달린다. 그렇게 했습니다.

그런데 한국으로 도전장이 왔어요. 어느 신문사와 계약을 맺고서 나하고 토론회를 열기로 도전장을 보냈는데 내가 거부할 수 없었어요. 그래서 63빌딩에 토론장을 마련하고 나하고 두 시간인가 세 시간인가 토론을 했는데 토론을 하러 왔다가 아주 절친한 친구가 되고만 것입니다.

그가 나에게 물어요. "왜 당신은 가는 곳마다 병자를 위한 기도를 집요하게 하느냐?"

그래서 내가 "병자를 위한 기도는 예수님도 공생애 3분지 2를 병 고치는 데 보냈다. 그리고 제자들에게 가는 곳마다 병 고치라고 말씀하셨는데 나는 예수님이 제자인데 병 고치는 것 당연하지 않느냐"고 대답했지요.

그랬더니 "당신이 직접 예수님을 만났냐?"고 그래요. 그래서 만났다고 했지요. 예수님 만난 간증을 들려줬어요.

"저는 열일곱 살에 6.25사변 때 폐병에 걸려서 피를 토하고 부산역에서 쓰러졌습니다. 그때는 다 우리가 길거리에서 장사하고 사는데 내가 장사하다 쓰러져서 피를 토하고 죽게 됐는데 병원에 입원해서 엑스레이를 찍어보니깐 오른쪽 폐 주변이 다 망가져 내려앉고

왼쪽도 좋지 않아 의사는 여섯 달 만에 죽는다고 했지요. 그 때는 병원 시설도 엉망이고 약도 없고 또 치료 받을 수 있는 경제력도 없는 처지에 있으니까 판자촌 집에 와서 드러누워서 죽기를 기다릴 수밖에 없었습니다."

여러분, 병들어서 안 아파보면 병이 얼마나 몰인정하고 혹독하다는 것을 모릅니다. 폐가 그러니깐 숨을 쉴 수가 없어요. 바로 누우면 숨이 꽉 막혀서 죽을 것 같아요. 벽에 기대서 겨우 호흡을 하고 살아가는데 너무 너무 고통스러워요. 차라리 확 죽었으면 좋겠다고 생각했는데 우리 누님 친구 중에 예수 믿은 친구가 있는데 이 누님 친구는 옛날부터 우리 집에 자주 왔는데 예수에게 미쳤어요. 예수님이라고 말하면 그냥 말을 못하고 '하, 예수님! 하, 예수님' 하는 겁니다. 완전히 예수님께 도취됐어요.

그 누님 친구가 성경을 들고 내게 와서 "예수 믿어라 동생. 너 예수 믿어야 산다"고 해요. 우리 집안은 불교 집안이고 아버지가 철저히 불교 신자인데 아버지 어머니가 장사하러 나가고 없을 동안에 와서 전도하는 겁니다. 그래서 나는 "누님, 나는 안 믿는다. 폐병 걸려 죽어가는 사람인데 종교를 믿어서 뭐하겠냐"고 했지요.

"이건 종교가 아니야. 네가 믿는 불교는 소양과 도덕을 닦는 종교지만 예수교는 종교가 아니야."

"그럼 뭡니까?"

"예수교는 살아 계신 하나님을 믿는 거야. 하나님이 혹시 너 폐병도 고쳐줄지 몰라."

절망에 처한 사람에게는 실오라기라도 잡기를 바라는 바람이 있습니다. 누님 친구의 그 한마디는 나에게 희망을 줬어요. 예수 믿으면 혹시 나을지 몰라. 그래서 내가 성경을 덥석 잡았습니다.

"그럼 병이 낫는다는 말이 기록되어 있느냐?"

그러니까 누님은 창세기부터 말라기까지 읽지 말라 그래요. 왜냐하면 그걸 읽기 전에 너가 죽으면 어떻게 하느냐 신약성경 못 읽지 않느냐고 해요. 내가 끊임없이 숨을 몰아쉬고 피를 토하니깐 먼저 신약성경을 읽으라고. 그래서 내가 신약성경 마태복음을 펼쳐보고는 아주 기절초풍을 했습니다. 사는 것이 내 희망인데 아브라함이 이삭을 낳고 이삭이 야곱을 낳고 야곱이 유다를 낳고 유다는……자녀 낳는 이야기입니다.

그래서 "누님, 이게 뭐예요. 성경에 이거 족보만 기록하고 낳는 이야기입니다. 난 죽는데 낳는 이야기뿐입니다."

그 때 누님이 그래요.

"야, 동생 생선에 가시 많지?"

"네, 많죠."

"불평하냐?"

"아뇨, 가시 골라놓고 먹죠."

"성경도 가시가 굉장히 많다."

말이라는 게 참 중요해요. 가시는 골라 놓고 알 만한 것만 읽으라는 거예요. 그렇다 싶어 읽어보니까 깜짝 놀랐습니다. 나는 예수님이 불교의 불타와 같은 줄 알았는데 도덕과 윤리의 교본이라기보다도 가는 곳마다 귀신 쫓아내고 병 고치는데 의사 선생님이라는 생각이 든 것입니다. 그래서 놀란 것은 마태복음 읽고 마가복음, 누가복음, 요한복음을 읽으면서 예수님은 일반 교훈, 도덕성을 강조해서 가르친 것이 아니라 공생애 3분지 2를 병 고치는 의사선생님이라 예수님 믿는 군중들이 모인 곳은 병원과 같았어요. 그래서 내가 희망을 얻었어요. 소망을 얻었어요. 내가 살 수 있다. 소망이 탁 들어오니까 소망은 믿음을 생산합니다. 소망이 없으면 믿음도 안 생겨요. 내가 살겠다는 믿음이 생겨나요. 그래서 내 평생에 교회를 가 본 적도 없고 설교 들은 적도 없는데 기도를 하기 시작했습니다.

"주님, 성경에 보니까 주님 살아 계셔서 죽은 자를 살리시고 병든 자를 고치시는데 나를 살려주면 주님이 굉장히 영광을 얻으실 겁니다. 내가 있는 힘을 다해서 주님, 성령님 지원을 하겠으니까 나를 좀 살려 주세요."

그렇게 기도를 하니까 마음이 편안해요. 그런데 저녁에 자는데 누가 머리맡에 서 있는 거 같아요. 아버님이 밤중에 내 병세 보려고 들어온 줄 알고 눈을 탁 떠보니까 누가 흰옷을 입고 구름 같은 데서 가지고서 내 머리에 떠 있는데 아버지! 불러도 아무 대답을 안 해요. 우리 아버지는 수염이 없는데 수염이 이렇게 늘어져 있고 흰 두루마리를 들고서.

"아버지, 장난하지 마세요. 왜 밤에 가짜로 장난해요?"

그러자 그분이 허허 웃으면서

"나는 네가 성경에서 읽던 그 예수다."

"아이구, 쇼하지 마십시오. 예수가 어떻게 성경에 있지 여기에 나옵니까?"

그러니까

"내가 너의 믿음을 보고 너를 찾아왔으니 네가 폐병에서 나을 것이다. 그리고 건강하게 되어서 나의 일을 할 것이다."

나는 순전히 우리 아버지가 장난친 줄 알았는데 정신이 바짝 들고 보니깐 아버지는 주무시고 제 방에 안 왔어요. 그때 결정적인 소망이 들어왔습니다. 이제 산다. 이제 죽을 것을 생각하지 않고 사는 것을 생각하고, 살아서 나도 온 천하에 다니며 복음을 증거해야지 하는 꿈이 생긴 겁니다. 믿음이 생기고 그 다음에 말이 달라졌습니다. 나는 산다. 나는 인제 안 죽는다. 그래서 우리 가족들 보고 나는 산다. 나는 안 죽는다. 나는 확실히 산다. 그러니까 가족들이 한곳에 다 모여서 울어요. 우리 어머님은 잘 먹이지도 못하고 잘 돌봐주지 못했는데, 편안히 가라 원망하지 말고 편안히 가라고 해요. 내가 왜 편안히 가라고 하느냐고 하니까 원래 사람이 병들었다가 죽기 전에 잠깐 반짝한답니다. 그러니 내가 반짝하는 걸 보니까 곧 죽을 것이라고 생각했다고 합니다.

나는 어머니한테 나 안 죽습니다. 예수님이 나를 살렸다고 했어요. 제가 6개월 만에 살아서 걸어 다니니까, 그 때부터 우리 집안 식구 모두 예수를 믿게 됐습니다. 아버지도 예수 믿고 어머니도 예수 믿고 우리 형제들이 아홉입니다. 다 예수 믿었어요. 아버지는 나중에 장로 되고 어머니는 권사 되고 동생들은 목사 장로 되고 누나 여동생들은 권사가 되고 온 집안이 다 예수를 믿게 되었습니다.

이런 간증을 몰트만 박사에게 했습니다.

"나에게 가장 중요한 것은 소망이다. 내가 희망의 복음을 전하는 것을 비판하지 말라. 당신 나라에 당신 목사들이 못 주는 것이 있다. 소망이다. 당신들은 지혜를, 지식을, 총명을 줄지 모른다. 학문을 설교하고 도덕을 설교하고 역사를 설교하지만 소망을 주지 못한다. 그러므로 교회가 텅텅 비었지 않느냐. 내가 당신네 교회를 가면 나이 먹은 할아버지 할머니만 몇 사람 앉아 있고 교회에는 공동묘지만 늘어가더라. 그러나 한국은 그렇지 않다. 한국은 새벽기도회에 꽉 차고 철야기도회도 모이고 산기도도 모인다. 교회마다 꽉꽉 차는 이유가 한국에는 살아 있는 예수님을 통해서 영혼이 잘되고 범사가 잘되며 강건한 소망을 교회가 주기 때문이다. 소망이 사람을 살린다."

몰트만 박사님이 가만히 듣더니 다음과 같이 말하는 겁니다.

"사실 나도 소망에 대한 신학을 전공한 사람이요. 내가 2차 대전 때 독일 군인이 돼서 싸우다가 영국군에게 포로가 되어 영국 포로 수용소에 가 있었는데 포로수용소 생활이 너무나 고달프고 괴로워서 몇 번이나 자살하려고 했다. 내가 결정적으로 죽어야 되겠다고 한 것은 함부르크 내 고향이 폭격 당해 다 타버리고 내 사랑하는 애인이 폭사했다는 소식을 들었기 때문이다. 이제 내게 살아갈 꿈이 없다고 생각했다. 꿈이 없는 내가 더 살아서 뭐하나 하는 마음이 들었다. 그래서 내가 포로수용소에서 죽으려고 했는데 누가 와서 성경 한 권을 주더라. 그래서 성경을 읽다가 성경 속에서 내가 뭘 보았느냐면 예수님이 십자가에 못 박히는 장면을 보고 기독교도 절망이구나. 예수님이 와서 그렇게 좋은 일을 많이 하고도 결국 십자가에 못 박혀 죽으니까 절망 아니냐?

근데 그 다음에 가서 내가 놀란 것은 사흘 만에 부활했다는 이야기를 읽은 거다. 죽음으로부터 부활해서 주님이 일어나므로 죄의 용서, 허물의 사함, 당신이 말한 병 고침, 축복, 영생 이 모든 것이 실천되었다. 주님이 부활하시므로 말미암아 살아 있는 하나님 채움으로 만들어줘서 내가 그 예수님 부활에 너무나 감격해서 무릎을 꿇고 기도하고 예수님이 내 마음속에 들어와서 그때부터 내 마음속에 소망이 생겼다. 살아야 되겠다. 그래서 운동도 하고 열심히 먹고 건강도 유지하고 전쟁이 끝나고 고향 땅으로 돌아가서 신학자가 되고 소망의 신학을 전파하는 사람이 됐다. 당신이나 나는 같은 배를 탔다."

그래서 처음에 서로 비평을 하다가 얼싸 안았어요. 그러면서 그때 강원용 박사도 있었는데 강원용 박사가 날보고, "조 목사, 나는 순 무식쟁인 줄 알았는데 소망을 몰트만하고 이야기하니 괜찮은 목사네" 하더라고요.

그래서 내가 "강 박사님, 성경에 하나님이 세상을 이처럼 사랑하사 독생자를 주셨으니 누구든지 저를 믿으면 멸망하지 않고 영생을 얻는데 하나님이 세상을 사랑하시는데 강 박사와 나만 사랑하고 다른 것은 안 사랑하십니까. 세상이라는 것은 뭡니까? 사람만 세상에 속한 것입니까? 동물들도 꽃과 나무와 잎, 풀들도 다 세상에 속한 것 아닙니까? 그러므로 사람 사랑하고 이웃을 사랑하고 자연을 사랑해야 되지 않겠습니까?"

그러니까 몰트만 박사가 탁 치면서

"당신이 부족한 것이 내가 볼 때는 그것이다. 복음을 증거해서 사람에게 소망을 주는 것은 좋지만은 자연에게도 소망을 줘야 된다. 자연도 사랑해야 한다. 하나님이 사람을 사랑함과 동시에 자연을 사랑하고 이웃을 사랑하기 때문에 복음뿐 아니라 실질적으로 사랑을 베풀어라."

　나는 거기에 큰 격려를 얻고 그 다음 목회하면서 실제로 사람들에게 그리스도의 이름으로 자비를 베푸는 일에 힘썼습니다. 동남아, 동북아, 한국에서 심장병으로 죽어가는 어린이 5천 명을 수술해 줬었습니다. 5천 명이라 하면, 여러분 여간 비용이 들지 않습니다. 비행기 값 내야죠. 아버지 어머니가 따라 오면, 호텔 비를 내야죠. 그 다음에 수술비 내야죠. 천문학적인 돈이 들지만 5천 명을 무료로 수술해주었습니다.

　그 다음 이제는 동남아의 구순구개열 환자(언챙이) 수술을 해주고, 그 다음에는 제가 엘림복지동산을 세워 기술을 가르쳤습니다. 한국의 가난한 청년들과 동남아 동북아에서 교육 못 받은 사람에게 기술을 가르쳐 주는 기술학교를 세웠습니다. 지금은 한국 학생은 안 와요. 한국 학생은 어렵고 힘든 일을 안 하려고 그래요. 그 다음 몰트만 박사의 영향을 받고 최후에 하려는 것은 북한에 심장병원을 세우는 것입니다. 북한 어린이들이 심장병으로 많이 죽어 가는데 300배나 더 들어가는 심장병원을 북한 중심에 세웠습니다. 지금 건물 다 지었는데 남북한의 교류가 자유롭지 않아 기계를 갖다 넣을 수 없고 지금 기다리고 있습니다.

　사람을 만난다는 것은 얼마나 중요한지 몰라요. 만남으로서 마음을 열고 모자라는 것을 채우는데 몰트만 박사가 날 만나고 큰 고민에 빠졌습니다. 희망의 복음을 증거하는 중에 고민에 빠진 것은 나하고 토론을 하면서 자꾸 기침을 하고 가래를 뱉는 거예요. 그래서 물었지요.

"당신, 왜 자꾸 기침을 하느냐?"

그러니까

10년이 넘도록 천식으로 고생한다고 해요. 약을 먹고 해도 안 낫는다는 겁니다. 그래서 내가 얘기했습니다.

"당신이 오순절 운동, 성령운동을 비난하면서 좋지 않게 보고 있는데 오순절 운동이 희망을 주는 데 얼마나 도움이 되는지 아느냐? 당신 천식이 나을 수도 있는데 어떻게 하겠느냐?"고 했지요.

"아 병원에서 치료받고 약을 먹고 해도 안 낫는데 낫는 방법이 있느냐?"고 해요

그래서 "내가 안수하면 낫는다"고 했지요.

"어떻게 낫느냐?"

"아니 성경에 믿는 자들에게는 이런 표적이 따르리니 병든 자에게 손을 얹은즉 나으리라고 했지 않았느냐"고 했어요.

그랬더니 "아니 그건 옛날에……"라며 말 꼬리를 흐려요.

"옛날이 아니라 예수 그리스도는 어제나 오늘이나 영원토록 동일하고 성경은 'here and now'라며 강조했어요. 그러므로 이 자리에서 내가 안수하면 말씀대로 낫는다"고 했지요.

그리고 내가 일어나 강제로 머리에 손을 얹고 기도했습니다. 예수님의 이름으로 간절히 기도하고, "이 천식 사탄아 물러가라"고 소리치니 몰트만 박사가 기도하다가 눈을 뜨고 나를 쳐다봐요. 아 그런데 당장 기침이 그치더라구요. 그래서 "이 보라고 당신 기침이 그쳤다"고 그랬어요. 그랬더니 몰트만 박사는 "흥분을 했으니까 재채기가 그쳤지. 당신이 하도 용감하게 기도하기 때문에 내가 흥분을 해서 그쳤다"고 해요.

그리고 며칠 뒤 헤어져 몰트만 박사는 독일로 돌아갔는데, 천식이 영원히 나아버렸어요. 그 다음 내게 편지를 보내 왔는데 이렇게 적혀 있습니다.

'당신을 만나서 서로 희망의 신학을 교제함으로써 큰 힘을 얻고 좋았는데 또 한 가지 당신을 만남으로 말미암아 내가 큰 고민에 빠졌다. 나는 오순절 운동에 별로 찬동하지 않는 사람인데 내가 병이 나았으니까 이건 내 자신으로서는 부인할 수 없는 사건인데 내 신학으로는 큰 혼동을 가져왔다.'

그래서 나중에 몰트만 박사가 자서전에 그 사건을 기록해놨어요. 자기가 보수적인 신앙에 대해서 좀 낮게 평가했는데, 조 목사 만나고 난 다음에 생각이 달라졌고, 오늘날도 성령운동이 우리 교회와 우리 신앙을 새롭게 한다고 합니다.

여러분, 희망은 사람을 변화시켜요. 혹시 여러분, 교회성장론의

리더인 피터 와그너 박사를 압니까? 피터 와그너는 미국에서 교회성장의 제 1인자인데 그분이 우리 교회에 왔을 때 교회성장에 대한 아주 율법적인 설교를 했어요. 헌데 그분은 편두통이 있어서 설교하다 말고는 "하~~ 머리가 아파서"라면서 아스피린을 먹고 그러기에 내가 와그너 박사님께 얘기했지요.

"편두통이 오는 것은 마귀가 눌러서 온다. 사도행전 10장 38절에 하나님께서 나사렛 예수에게 성령과 권능을 기름 붓듯 하셨으매 그가 두루 다니시며 선한 일을 행하고 마귀에게 눌린 모든 사람을 고치셨으니 이는 하나님이 함께하심이라고 했는데 마귀가 눌러서 그러니 "예수 이름으로 명하노니 이 편두통의 원수 귀신아 물러가라" 외치라고 했지요. 그랬더니 "아이 나 부끄러워서 못한다. 내가 그래도 명색이 신학교 교수이자 신학박사인데 무식한 사람처럼 사탄아 물러가라 그런 것은 못 한다"고 해요. "못하면 평생토록 편두통으로 고생한다. 성경을 믿는데 뭐 두려워할 것 있냐? 담대해라"라고 했어요.

그런데 그가 미국에 건너가서 보통 때는 못하고 샤워실에 들어가서 수도꼭지를 열어놓고 물을 쫙 내리면서 외쳤답니다.

"편두통 귀신아 예수 이름으로 명하노니 나에게서 나오라 나오라"("you devil you oppresing devil you headache in the name of Jesus Christ come out of me!")

아, 그런데 편두통이 탁 그쳤어요. 그 사람이 이제는 교회성장에 대한 강연을 할 때 꼭 귀신 쫓아내라는 이야기를 합니다. 교회는 귀신에 눌리고 스트레스에 눌린 사람 많이 오니까 귀신을 쫓아내야 고침을 받습니다. 귀신이 들어오면 사람을 괴롭히고 훼방하고 심령을 억압하고 우울하게 하고 침울하게 만들고 그 다음에 사람을 악마화해서 자살하게 하고 살인하고 폭력을 행하게 만드는 일을 합니다. 그러니 꼭 귀신 쫓아내라고 하나님께서 우리에게 기적을 베풀어 주시는 것입니다.

이러므로 희망을 주는 메시지를 발굴하는 것은 굉장히 중요한 것입니다. 저는 50년 목회 생활을 한마디 말로 하라면 희망 복음 50년이라고 말합니다. 어느 누구도 희망을 전하는 데 반대할 사람 없어요. 그래서 서대문에서 제가 제일 처음 하나님께 3천 명만 달라고 기도했어요. 그런데 6천 명이 됐고, 1만 명이 됐습니다. 그러니 서울시에서 연락이 왔어요.

"교회 옮겨 가라."

왜냐하면 주일이 되면 교회 주변의 서대문 로터리가 교통이 마비가 돼서 서울 시내가 다 교통 정체가 오니까 옮겨 가라고 한 것입니다. 그런데 갈 데가 없어요. 그래서 기도를 많이 했는데 그 때 김현욱 씨가 시장으로 있었는데 여의도 모래사장을 개발한다니까 신문이 다 비웃었어요. 모래사장을 개발해서 누가 들어온다는 말이에요. 그 때만 해도 아주 서울이 시골 같았습니다. 여의도로 들어가는 교량도 없고 여의도에 수도도 없고 하수도 시설도 없고 뭐 아무것도 없는데 누가 들어가냐고요? 그래서 김현욱 시장을 내가 만났습니다. 만나서 "내가 여의도로 갈 테니까 도와주겠느냐"

그러니까 날보고 처음 하는 말이 "10만 평 가져가라 10만 평. 내가 값은 5년이고 10년이고 나눠 내도록 해 줄 테니 10만 평을 받아라"고 해요.

서울신대 부지가 7만 평이라고 그러는데 우리 교회가 10만 평을 가지고 있으면 얼마나 좋았겠습니까? 내가 믿음이 부족해서 10만 평을 감당하지 못할 것 같아서 "3천 평만 주십시오" 했지요.

"3천 평. 3만 평 가져, 3만 평" 하는 겁니다.

3만 평이라도 받았으면 얼마나 좋았겠습니까? 하지만 내가 돈이 없으니까 3천 평만 달라고 했지요. 여러분, 믿음이라는 것이 얼마나 큰 결과를 가져옵니까. 성경에는 "네가 입을 넓게 열라. 내가 채우리라"라고 했는데 내가 입을 너무 적게 열어 3천 평을 얻었어요. 그래서 여의도로 나오게 됐는데 사람들이 다 망한다고 그랬습니다. 여의도 그 모래사장에 교통시설도 없는데 누가 교회에 오냐는 것이지요. 이제 조용기가 교만해져 망하려고 한다고 했지요.

그러나 나는 알았습니다. 사람에게는 소망이 필요하다. 배고픈 사람은 언제나 밥 주는 데로 따라간다는 사실을요. 예수님이 광야로 나갔는데 남자만 5천 명. 여자는 계산 안 했으니까 여자 계산하고 아이들까지 넣으면 한 2만 명 군중이 모였을 것입니다. 사람들은 예수님께서 병 고치고 진리의 말씀을 설파하셨기 때문에 따라온 것입니다. 사람은 필요가 있는 곳에 찾아옵니다. 교회가 사람들의 필요를 채워 주면 사람들이 오게 되는 것입니다. 마음에 병든 자, 육체에 병든 자, 생활에 병든 자가 얼마나 많습니까? 그들에게 소망을 주면 교회로 온다고 나는 확신했습니다.

'나의 소망의 메시지는 오중복음과 삼중축복으로 전이되어 십자가를 쳐다보면 죄 용서함, 거룩함, 성결함, 치료함을 얻게 되고 아브라함의 축복과 부활, 영생, 천국과 오중복음을 얻고 그 결과로 전인구원이 온다. 영혼이 잘되고 범사가 잘되며 강건한 전인구원이 온다' 는 결론으로 발전했습니다. 그것이 아주 내 마음에 확립되어 있으니까 오중복음과 삼중축복을 가지고 가면 반드시 된다고 믿었습니다. 그래서 여의도로 나가니까 사람들이 몰려오는데 가난하고 헐벗고 굶주리는 사람들이었습니다. 헐벗고 굶주리는 사람에게는 희망이 필요합니다.

희망이 없으면 살아갈 수가 없어요. 현실을 극복하고 살아가기 위해서는 희망이 있어야 하는데, 그 희망의 복음을 전하니깐 소문에 소문을 듣고서 찾아오는데 1년에 1만 명에서 2만 명, 혹은 3만 명씩 새로운 신자들이 오는데 정신을 차릴 수가 없어요. 그래서 여의도에 들어온 지 30년 가까이 된 이후에 교인이 엄청나게 많아졌습니다. 내가 은퇴할 때는 80만 명이 됐습니다. 원래는 내가 100만 명 목표로 했는데 20만 명은 달성하지 못했습니다. 내가 나올 때 나를 도와서 목회를 해주신 우리 제자들에게 각각 교회를 나눠 독립교회를 세우도록 했는데 한 40만 명의 교인들이 독립한 제자교회로 갔고, 지금 계속해서 이영훈 목사가 목회를 잘해서 옛날 영광을 회복하고 있습니다.

내가 늘 후배들이나 제자들에게 말하는 것은 "희망을 주라. 희망이 사람들에게 가장 필요한 것이고 희망이 있으면 생명이 있다"는 것입니다. 어떠한 정치가라도 국민에게 희망을 주는 정권을 세우면 선거에 성공할 수 있는 것입니다. 공산주의가 절대로 일어나지 못하는 것은 희망이 없기 때문입니다. 꿈이 없는 백성은 망한다고 성경은 말씀하고 있습니다. 꿈이 없는 백성은 망합니다. 꿈이 없으면 희망이 없고 희망이 없으면 망하게 되는 것입니다. 북한이 대한민국을 절대 이길 수 없습니다. 우리나라도 더 많은 희망을 줄 수 있는 정치를 세우면 우리 한국이 더 잘살게 될 것입니다.

그런데 그 다음에 제가 어려움에 처한 것이 희망의 복음을 증거하는데 교인들이 내게 와서 말하기를 "희망은 가지고 있는데 실천을 할 수가 없다. 어떻게 희망을 실천하느냐. 희망은 이상으로 남아 있지만 희망이 실제 생활에 나타나기 위해서는 실천해야 되겠다.

어떻게 하면 되겠느냐?"고 해요.

성경에는 '믿음은 바라는 것들의 실상이요 보지 못하는 것들의 증거'라고 했습니다. 이를 바라는 것, 보지 못하는 것이 실천으로 이루어질 수 있는 길을 열어줘야 하겠다고 생각했지요. '보이는 것은 나타난 것으로 된 것이 아니니라.' 보이는 모든 환경은 나타난 그 자체로 된 것이 아니라 안 보이는 힘으로 된 것이므로 이 안 보이는 세계를 개발해주지 않으면 교인들이 하나님을 아는 지식은 가지고 있어도 하나님을 만날 수 있는 방법을 알지 못하지 않습니까?

오늘날 눈에 보이는 모든 기계는 의료기기로부터 시작해서 선박까지도 전기가 없으면 움직이지 못합니다. 보이는 기계가 안 보이는 전기로 움직이는 것입니다. 보이는 신앙의 환경은 안 보이는 하나님의 능력으로 움직여야 되는데 그 안 보이는 것들을 구체적으로 어떻게 내가 운영할 수 있는가? 그래서 거기에서 고민하면서 기도를 하는데 제가 50년 가까이 목회를 해오고 하니까 경험을 통해서 알게 된 것은 "지킬 만한 것보다 네 마음을 지켜라 생명의 근원이 이에서 난다"는 성경 말씀입니다. 마음을 붙잡아 힘쓰면 하나님의 희망의 메시지를 실천할 수 있다는 것이지요.

마음은 생각입니다. 우리 생각이 긍정적이고 적극적이고 창조적인 말씀으로 변화되면 그 생각대로 되는 것입니다. 사람들이 생각을 어지럽게 가지고 아무리 해도 희망이 실천이 안 되니까 그 생각이 무엇으로 정리정돈 될 수 있습니까? 갈보리 십자가를 통해서 마음을 정리정돈 할 수 있습니다.

"나는 용서받은 의인이다. 나는 보혈로 성결함을 얻었고 성령을 얻었다. 나는 나음을 받은 사람이다. 나는 아브라함의 복을 받은 사람이요. 부활, 영생, 천국을 얻은 사람이다. 오중복음으로 마음을 간수해 마음이 그렇게 되면 생각을 그렇게 할 수 있다."

생각이 그 사람을 좌우하는 것입니다. 생각이 어떠하냐에 따라 그 사람이 달라집니다. 하나님 말씀대로 생각을 정리정돈 하는데 갈보리 십자가 대속을 중심으로 마음의 생각을 정리하는 것이 가장 필요해요. 정말로 할 수 없다, 안 된다, 못한다고 생각하는 사람은 절대로 안 돼요.

내가 박정희 대통령을 만났을 때 감격적인 이야기를 들었습니다. 당시 중동 붐이 일어났을 때였는데 박정희 대통령이 이런 말을 해요.

"중동에서 연락이 왔는데 건설을 해달라는 거예요. 유럽 사람들은 회사가 와가지고서 너무 더워서 낮에 일을 못하니까 건설공사를 못한다고 포기했다는 거예요. 그래서 한국 사람은 어떻게 할 수 있으면 좀 해 달라는 겁니다."

그래서 정부가 용역 전문가들을 보냈답니다. 전문가들이 갔다 와서는 "대통령 각하, 안 됩니다. 살인적인 더위에 일을 할 수가 없습니다. 그리고 물도 없구요."

생각이 완전히 부정적이었습니다. 그래서 대통령이 현대건설 정주영 회장을 불렀답니다. 정주영 회장은 초등학교 5학년밖에 못 나왔지만 굉장히 실천적인 사람이라 중동에 갔다가 1개월 만에 돌아와서 얼굴이 상기돼서 하는 말이 "대통령 각하, 당장 가서 합시다"라고 했다는 거예요.

그러면서 "노다지입니다. 노다지. 다 못한다 하는데 낮에 일 못한다는데 아이구 시간이 낮만 있습니까? 밤도 있잖습니까! 낮에는 잠을 재우고 밤에 일 시키면 되요." 그러는 겁니다. 그래서 "그러면 물은" 하고 물었지요. 그랬더니 대답이 기가 막힙니다.

"물은 요르단 강이 있는데 그곳에 트럭을 보내서 싣고 오면 됩니다. 그 다음 노다지입니다. 건설하는 데 제일 필요한 게 모래자갈인데 모래자갈은 흔해 자빠진 게 모래자갈입니다. 우리가 들어가면 반드시 큰 산업 자본을 형성할 수 있습니다."

그래서 현대건설을 중심으로 해서 건설을 시작한 것이 오늘날 중동 붐을 일으킨 것이라고 저에게 그 이야기를 하면서 똑같은 곳에 부정적인 생각을 갖고 있는 관리들을 보내니깐 못한다는 부정적인 반응이 나왔지만 정주영 회장은 건설적인 생각을 하니까 건설적인 실천 방안이 나왔다는 겁니다.

그 말을 들었을 때 열두 정탐꾼이 기억이 났어요. 열 정탐꾼은 부정적인 생각을 하고 올라갔으니까 다 부정적으로 봤어요. 여리고 성은 철벽이라 안 무너진다. 남자는 엄청난 키에 대장부지만 우리는 그에 비하며 메뚜기더라. 우리는 못 들어간다. 그런데 여호수아와 갈렙은 희망적일 뿐만 아니라 긍정적인 생각을 가지고 가니까 젖과 꿀이 흐르더라. 성벽은 다 무너진다. 그 백성들은 우리의 밥이다. 들어가자. 두 사람의 긍정적이고 창조적인 생각이 운명을 갈라 놓지 않았습니까? 생각이 바르게 서야지 생각이 삐뚤어지면 안 되거든요.

내가 4차원의 영성을 개발한 것은 바로 이러한 것에 영감을 받았기 때문입니다. 생각을 바꿔줘라. 매일같이 생각을 바꿔라. 생각은 긍정적이고 적극적이고 창조적인 생각을 대속의 은총을 통해서 말씀으로 바꿔라.

둘째, 꿈이 없는 백성은 망한다고 했습니다. 꿈은 오늘이 아니고 내일입니다. 꿈이 있으면 내일이 있고 오늘 꿈이 없으면 내일이 없지 않습니까? 꿈이란 마음에 소원하는 것입니다. 좌절하고 절망적인 꿈을 가지면 안 되고 마음에 소원과 희망찬 꿈을 가져라. 왜냐면 예수님의 보혈의 능력으로 희망찬 꿈을 가질 수 있기 때문입니다.

내일은 오늘보다 내년은 금년보다 더 잘되는 꿈을 가져라. 꿈을 우습게 생각하지 마십시오. 꿈이 없는 백성은 망할 뿐이고 꿈이 사람을 이끌어 가는 것입니다. 제가 호주에서 교역자 세미나를 하는데 한 4천여 명의 교역자들이 모였는데 아무리 강연을 해도 집중하지 않아요. 그들이 하는 말은 부흥이란 미국이나 한국의 사건이지 호주의 사건이 아니라는 것입니다. 호주는 기후가 좋고 놀기가 좋기 때문에 사람들이 다 주일날 놀러 나가고 도박하러 나가고 교회 안 온다는 거예요.

그래서 내가 마지막에 종이와 연필을 가지고 와서 5년 이내에 당신들의 교회가 성장할 꿈을 적어라. 3백 명, 5백 명, 1천 명의 꿈을 적어라. 그리고 그걸 벽에다 붙여 놓고 들어가며 나가며 쳐다보고 꿈을 꿔라. 꿈이 없는 백성은 망한다. 그랬더니 와 웃으면서 그런 꿈을 꾼다고 될 턱이 있느냐? 그래요. 그래서 "당신이 꿈을 꾸면 당신이 꿈을 이루는 것이 아니라 꿈이 당신을 끌고 나간다"(you don't make vision real. real vision make you as you wanted)고 했지요.

바라는 대로 꿈이 이끌어 나가는 것입니다. 꿈을 마음에 품으면 꿈이 그 사람을 이끌어 가는 것입니다. 그래서 기도를 해주고 내가 떠났습니다. 대개 사람들이 5백 명, 3백 명 적었는데 그 중에 한 목사님은 한 5천 명을 적었어요. 5년 후에 제가 다시 갔는데 5천 명을 적은 목사님이 와서 눈물을 흘리면서 하는 말이 "자기 교단에서 다 꿈을 적었는데 10년 동안 교단에서 교회성장이 제로였는데 꿈을 꾸라고 해서 꿈을 꾼 다음에 100% 성장을 했다. 그리고 자기 교회가 5천 명이 되었다"는 겁니다.

지난해 광림교회 광림수도원에서 세계적인 목회자들이 모여 세미나를 했는데 강연해달래서 갔습니다. 그 교회 담임 목사가 제게 그래요. "우리 아버지가 꿈을 꾸고 그렇게 기도하고 그대로 됐는데 나는 아버지 교회를 물려받아 지금 7천 명의 교회가 되었습니다. 꿈의 위대한 힘에 내 인생이 변화되었습니다"라고 고백했습니다.

꿈을 꾸지 않고서 성장하는 개인이나 사업은 없습니다. 꿈은 영적인 파워입니다. 그래서 희망찬 꿈을 가져야 됩니다.

셋째, 믿음을 가져야 돼요. 성경은 네 믿음대로 될지어다. 믿는 자에게 능치 못할 일은 없다고 말씀하고 있습니다. 믿음이 우리의 운명을 좌우하는데 사람들은 다 자기를 믿음이 없다고 생각합니다. 여러분, 가장 프랙티컬(practical)하게 생각해 보겠습니다. 겨자씨 한 알만한 믿음이 있으면 이 산들을 명하여 여기서 저기로 옮기라 하여도 된다고 말씀하고 있습니다. 믿음의 파워는 엄청납니다.

여러분, 상상을 초월한 믿음의 파워는, 주님이 과장도 안하고 거짓말도 안하지 않습니까? 겨자씨 한 알만한 믿음입니다. 겨자씨는 씨 중에 제일 작아요. 그리고 수학적으로 표시하면 100% 믿음 중에 1%만 있으면 충분하다는 것입니다. 1%의 믿음, 사람들은 믿음이 없다고 생각하는데 태어날 때부터 이목구비를 가지고 태어나는 것처럼 믿음을 가지고 태어나는 것입니다. 하나님이 주셨어요. 예수 안 믿는 사람도 믿음을 가지고 있어요. 백부장은 유대인이 아닙니다. 그러나 백부장은 믿음이 강하다고 칭찬받았습니다.

예수님은 백부장을 보고 이스라엘에 이와 같은 믿음을 본 적이 없다고 칭찬을 했어요. 하물며 여러분이 왜 믿음이 없어요? 믿음이 없다고 생각하기 때문에 없습니다. 있다고 생각하고 믿음을 사용하십시오. 왜 믿음을 사용하지 못하느냐. 믿음은 입술의 고백과 링크돼 있습니다. 이 산들을 명하여 바다에 던져라 말하고 그것이 이룰 줄 마음에 믿고 의심하지 아니하면 그대로 된다는 것입니다. 성도들이 나에게 늘 말하는 것은 자꾸 의심이 생긴다는 겁니다. 믿고 난 다음에 의심이 생기는데 의심은 어떻게 막을 수가 있습니까? 입술의 고백은 어펜시브(offensive)하고 디펜시브(defensive) 합니다. 입술의 고백은 말로써 시인을 하면 긍정적으로 여러분의 믿음을 강화시킵니다.

병든 사람이 안수기도 받고 난 다음에 나았다고 믿으려 해도 자꾸 안 나았다고 의심이 들어요. '저가 채찍에 맞음으로 너희가 나음을 입었다' 고 말을 하면 그 말이 생각을 강화하고 꿈을 분명하게 하며 믿음을 강화시킵니다. 말이 믿음을 강화시키는 것입니다. 그리고 말에는 창조적인 능력이 있습니다. 창조적인 능력이 말을 통해서 전달되는 것입니다. 하나님은 말로써 천지를 창조하지 않았습니까? 그렇기 때문에 긍정적이고 창조적인 말을 하면 불신을 막습니다.

제가 서대문에서 목회할 때 우리 집사 한 분이 뇌암으로 거의 죽게 되어 안수기도 해달라고 왔는데 암세포가 아주 복잡하고 예민하게 연결되어 있어 도저히 수술을 해서 산다는 보장이 없다는 겁니다. 그 집사가 나보고 울면서 하는 말이 "목사님, '저가 채찍에 맞음으로 내가 나음을 입었다'고 한 성경 말씀은 거짓이 아니고 사실임을 제가 압니다. 2000년 전에 법적으로 내가 나은 것을 압니다." 내가 늘 그 말을 하거든요.

"당신은 2천 년 전에 법적으로 나았다. 지금 있는 이 병은 거짓되고 헛된 것이다. 속지 마라" 그랬더니 하는 말이 "그런데 자꾸 의심이 생깁니다. 어떻게 할까요?"라고 해요. 그래서 제가 "'저가 채찍을 맞음으로 내가 나음을 얻었다'는 말을 1만 번을 말해라. 수술받기 전에 1만 번은 '저가 채찍을 맞음으로 내가 나음을 입었다'고 말해라. 그러면 그것이 너의 믿음을 강화할 뿐 아니라 의심을 막아 준다. 의심이 오려고 하면 저가 채찍을 맞음으로 내가 나음을 입었다 그렇게 말해라." 했습니다.

그 집사는 1만 번을 말했어요. 1만 번이라면 굉장히 시간이 걸리고 깁니다. 그래서 수술하기 전 마지막으로 스캔을 해보니까 암이 없어졌어요. 나았습니다. 낫는 것이 마땅하지 않습니까? 또 한 가지 예를 들면, 우리 교회 권사님이 성대에 암이 걸려서 안수 기도를 해 달라고 왔어요. 그거 굉장히 아파요. 제가 안수기도를 아무리 해도 안 나아요. 그리고 나중에는 고통스러워서 견딜 수가 없어요. 하도 찾아와서 안수기도를 받았는데 내 믿음도 흔들려요. 그래서 이제는 그만 해줘야겠다고 생각하고 있는데 마지막으로 안수기도를 해달라고 왔어요.

그런데 하나님께서 저에게 말씀하시기를 입술로 고백해야지 고백을 안 하면 안 낫는다. 아브라함이 별 떼를 바라보고 아들이 있을 꿈을 마음에 품고 믿어서 10년을 기다려도 아들을 못 얻자 믿음이 흔들려 사라의 여종 하갈에게서 이스마엘을 낳아 가정이 풍비박산이 됐는데, 입술로 고백을 안 해서 그렇다. 꿈을 가지고 믿음을 가져도 고백을 해야 된다고 해요. 사람이 마음에 믿어 의에 이르고 입으로 시인을 해야 구원을 얻습니다. 성취(accomplishment)는 입으로 시인해야 돼요. 아브라함도 하나님이 의롭다 했습니다. 아브라함이 저를 믿으매 그를 의로운 의인으로 인정했습니다. 그래도 애가 안 생겼어요. 그래서 나중에 하나님 아버지가 입으로 시인하도록 이름을 바꿨습니다. 아브람을 아브라함으로. 민족의 조상이 된 것입니다. 사래는 사라로 열국의 어머니가 된 것이지요. 아브라함과 사라는 이름이 바뀐 다음 서로 입으로 시인하자 아들 이삭을 얻었습니다. 그와 같이 입술의 고백이 필요합니다.

그래서 권사님께 "권사님, 권사님은 예수님이 채찍을 맞음으로 내가 나음을 입었다는 것을 잘 깨달아 알고 있죠?"라고 했어요. 권사님은 "네 알고 있죠"라고 대답을 하더군요. 그래서 내가 "권사님 나아서 건강한 모습을 바라보고 있죠? 바라보죠? 믿습니까?" 했더니

"믿을랑 말랑 합니다"고 해요. 근데 성대 암이니 말이 잘 안 나와요.

"믿을랑 말랑 합니다. 자꾸 아프니까 믿음이 사라집니다. 안 아프면 믿음이 생기다가 아프면 믿음이 싹 사라져 버립니다."

나는 "공책과 연필을 가지고 기도원에 들어가서 '저가 채찍을 맞음으로 너희가 나음을 입었다' 는 것을 꼭 저녁 때마다 소리 내서 적어 1천 번을 적어 오십시오. 천 번을 적어서 오면 내가 진짜로 내가 작심하고 기도를 해드리겠습니다"라고 했어요.

그래서 권사님은 공책과 연필을 가지고 금식 기도원에 들어갔어요. 1천 번 기록한다는 것이 힘들지 않습니까? 베드로전서 2장 24절에 "그가 친히 나무에 달려 그 몸으로 우리 죄를 담당하셨으니 이는 우리로 죄에 대하여 죽고 의에 대하여 살게 하심이라 저가 채찍에 맞음으로 너희는 나음을 얻었나니"라고 말씀하고 있지요. 권사님은 근 일주일 넘도록 연필 몇 자루가 다 닳도록 1천 번을 적었어요. 하루는 비서실에서 그 권사님 또 왔다고 해요. 권사님은 문을 열고 들어오면서 "아휴, 목사님 숙제 다 했어요!" 그런데 아주 청명한 목소리로 말하는 겁니다. 저는 놀라서 얘기했습니다. "아휴, 어떻게 말이 그렇게 청명하게 나옵니까? 옛날에는 목이 쉬어서 말이 잘 안 나왔는데 암이 어떻게 되었어요?"

"몰라요."

"왜 몰라요."

"숙제하는데 바빠서 뭐 그 아픈지 안 아픈지도 몰랐어요."

숙제하면서 입이 아프도록 시인하고 글을 쓰다 보니 나아버렸어요. 그다음에 병원에 데려가서 보니까 없어요. 나았어요. 입술의 고백이 얼마나 중요한지 모릅니다.

사람이 마음으로 믿어 의에 이르고 입으로 시인하여 구원에 이른다고 했습니다. 이와 같이 생각·꿈·믿음·입술의 고백, 이 네 가지가 사람들로 하여금 하나님과 실제적으로 소통이 될 수 있도록 해야 하는데 제가 이것을 4차원의 영성이라고 이름을 붙였습니다.

한번은 미국 플로리다에 가서 부흥회를 하는데 플로리다 어느 대학에서 채플을 일주일 동안 인도해달라고 해서 호텔에서 기도를 하면서 "하나님, 채플에서 내가 학생들에게 강연을 해야 하는데 뭐 어떻게 할까요?"라고 물었습니다. 그때 성령의 음성이 들려요.

"네가 지금까지 깨달은 이 네 가지 생각과 꿈과 믿음과 입술의 고백이 하나님과 사람 사이를 연결하는 파워가 된다는 것을 증거해라."

그 때 내 마음에 떠오르는 것이 기하학적으로 내가 배운 것이 기억이 나요. 여러분, 1차원은 뭡니까? 1차원은 두 점 사이의 선 아닙니까? 2차원은 평면 아닙니까? 3차원은 입체 아닙니까? 1차원의 선은 그어지는 순간 2차원의 면적이 됩니다. 그래서 1차원은 2차원에 소속됩니다. 2차원의 면적은 생기는 순간 3차원의 공간이 형성되고, 3차원에 속하게 됩니다. 그럼 3차원의 공간, 즉 입체는 어디에 속하게 됩니까.

창세기에 보니 '땅이 공허하고 혼돈하며 흑암이 깊음 위에 있고 하나님의 신은 수면 위에 운행하시더라' 라고 기록되어 있습니다. 깨어지고 혼돈하고 흑암은 3차원의 세계인데 3차원의 세계가 깨어져서 혼돈할 때 안 보이는 성령 곧 4차원의 성령이 운행하시고 난 다음에 빛이 생기고 궁창이 생기고 질서가 생겨난 것처럼 3차원은 4차원이 품고 다스리고 참여하는 것입니다.

그래서 거기서 아이디어를 얻어서 4차원의 영적 세계를 선포한 것입니다. 하나님이 주신 놀라운 세계관이지요. 성령은 눈에 보이지 않지 않습니까? 생각이 보이나요? 입체가 아니니까 안 보이죠. 꿈이 보입니까? 꿈도 입체가 아니니까 안 보이죠. 그다음에는 믿음이 보입니까? 안 보이죠. 말이 보입니까? 안 보이죠. 안 보이는 성령의 역사가 일어나는 수단을 제가 4차원의 영성(4th dimension)이라고 붙여서 그 학생들에게 일주일 동안 강연을 했는데 로버트라는 출판사가 찾아 왔어요.

"목사님, 강연한 내용을 원고로 우리에게 공짜로 주면 출판해 주겠다"면서 서약서를 써달라고 해요. 그래서 나는 설교할 때 외에는 별 사용할 거 없다는 생각에 서약서를 썼는데, 나중에 그 책이 브라질 등 남미에서 1천만 달러나 팔렸어요. 그리고 그다음에는 아시아

유럽에 가도 《4th dimension》이라는 책이 안 팔린 데가 없어요. 그리고 그 회사는 굉장히 많은 돈을 벌었습니다.

마음속에 있는 믿음을 실천하기 위해서는 반드시 생각을 바꿔줘야 되는 것입니다. 생각이 바뀌지 않으면 소용이 없어요. 아가페 기독교교도소를 세울 때 김삼환 목사님이 50억을 내고 제가 50억을 내서 그것이 기초가 되어서 기독교교도소를 만들었는데 지금 기독교교도소에서 나오는 사람들은 재범을 하지 않고 모범적으로 삶이 바뀐다고 해요.

근데 거기서 내가 들은 이야기는 아무리 죄수들이 교도소에 와서 훈련을 받아도 나오고 나면 1년 이내에 도로 들어온다는 것입니다. 나갔다가 들어오고 나갔다고 들어오는데 기독교교도소에 들어오면은 나갔다가 안 돌아온다고 해요. 안 돌아오고 어디로 가느냐. 교회로 가요. 거기서 늘 예배를 드리고 성경을 가르치니까 육체적으로 제한을 받는 것이 아니라 마음이 달라져요. 생각이 달라져요. 생각이 달라지니까 인격이 달라지고 변화가 와요.

그러므로 우리 교인들이 달라지기 위해서는 생각이 달라져야지, 그냥 생각이 산만한 그대로 왔다 갔다 하면 하나님의 역사가 일어나지 않는 것입니다. 말씀이 증거되는 것은 생각을 바꾸는 것입니다. 그다음 꿈이 있어야 생기와 활기가 생기는 것입니다.

오늘날 젊은이가 교회를 자꾸 떠나는 이유는 교회가 꿈을 주지 않기 때문입니다. 꿈이 없는데 왜 젊은 사람이 교회에 와 있어요? 매일 나아갈 수 있는 꿈을 교회가 주어야죠. 꿈을 주는 메시지를 개발해야 되는 것입니다. 복음을, 성경을 바라보면 희망찬 꿈을 가질 수 있습니다. 가난한 자에게는 잘 살 수 있게 된다. 십일조 드리고 헌신하고 주님을 섬기면 좋은 날이 온다는 꿈을 줄 수가 있고 병든 자는 고침 받는다는 꿈을 줄 수가 있고 죄인은 용서받고 허물 많은 사람은 성결하게 될 수 있는 꿈이 있습니다. 그러니까 우리는 꿈을 담대하게 설교할 수 있어요.

요셉의 형제들 가운데 열한 형제들이 다 세상살이에 취해서 살지만 요셉은 꿈을 꾸고 있지 않습니까? 꿈꾼 동생을 죽여서 꿈이 어떻게 되는가 보자 했는데 꿈꾼 동생 요셉은 종으로 팔려가고 종살이를 하고, 감옥에 갇히는 엄청난 고난을 겪었지만 요셉을 이끌어 간 것은 하나님이 주신 꿈이었습니다.

여러분, 큰 교회를 목회하고 싶으면 마음속에 기도하는 가운데 꿈을 크게 가져야 하는 것입니다. 내 제자들은 어느 곳에 가나 큰 교회를 가지고 있습니다. 전에 건축 공사하는 사람이 나에게 물어요. "어떻게 여의도순복음교회를 나온 목사님들은 다 큰 교회를 짓느냐? 교회를 건축하는 목사님께 교파를 물어보면 거의 여의도순복음교회 출신이라고 합니다. 그 이유가 어디 있습니까?"

저의 대답은 간단합니다. "왕대밭에 왕대 난다."

여러분, 큰 왕대가 있는 곳에는 왕대만 납니다. 여의도순복음교회에서 나의 제자로 10년 이상 일을 한 사람 늘 큰 꿈을 갖고 있어요. 교회를 운영하는 것도 큽니다. 일도 크게 하지요. 그들은 큰 꿈을 가졌기 때문에 큰 사역을 할 수 있는 것입니다. "네 입을 넓게 열라 내가 채우리라"고 했습니다. 요사이 교계에서는 작은 것이 아름답다는 기류가 많습니다. 작은 것도 아름답고 작은 꿈도 좋아요.

그러나 사회에 큰일을 하기 위해서는 큰 교회가 필요한 것입니다. 그래야 해외 선교사도 많이 보내고 지원할 수 있습니다. 여의도순복음교회는 800명의 선교사를 보냈잖습니까? 제가 50년 동안에 일본의 홋카이도, 오키나와 등지에 70개의 교회를 세웠습니다. 돈이 없으면 일본에 가서 어떻게 70개 교회를 세워요? 그러니까 여러 가지 이점이 있습니다. 여러분, 큰 꿈을 가지십시오.

주님은 십자가를 통해서 우리에게 적극적으로 다가오지만 그 은혜와 뜻을 소화시키는 것은 우리가 해야 해요. 십자가의 도가 우리에게 소화가 돼야 되는 것인데, 그것은 우리의 생각 · 꿈 · 믿음 · 입술의 고백으로 할 수 있는 것입니다. 그래서 제가 'total 4th dimension'이라고 말하고 있는 것입니다. 성경에 바울 선생께서 내가 사람의 지혜로 복음을 증거하지 아니하고 성령의 능력으로 했다고 말을 했습니다. 사람의 지혜로 하고 싶은 유혹이 굉장히 많아요. 사람들에게 설교 잘했다 칭찬받고, 참 훌륭한 웅변가라고 칭찬받기 좋야합니다만 사람들 마음속에 임펙트를 남기는 것은 성령님의 능력인 것입니다.

어떤 사람이 제게 와서 질문을 했어요.

"어떻게 하면 교회가 커지고 사람들이 설교를 잘 듣게 됩니까?"

여러분, 저는 주일날 예배를 마치고 난 다음에 텔레비전 앞에 앉으면 CTS 기독교텔레비전과 기독교방송의 목사님 설교를 봅니다. 어떤 목사님은 정말 설교를 잘해요. 조직적이고 신학적인데 감동이 없어요. 그런데 다른 목사는 조직적이지 못하고 지적이지도 못한데 설교가 아주 매력 있어요. 은혜가 있는 겁니다. 그래서 제가 늘 하는 말이 있습니다.

"사람은 인물도 좋지만 매력 있는 사람이 되어야 한다."

인물은 얼마 안 있으면 시들지만 매력은 날이 갈수록 유지됩니다. 그와 같이 설교도 인물이 좋은 설교가 있고 매력적인 설교가 있습니다. 그 매력 있는 설교는 어떤 설교냐? 기도를 많이 해서 성령이 강하게 임해 사람들에게 꿈과 환상을 주는 설교는 매력이 있습니다. 그러면 사람들이 그 설교를 듣지요. 꿈과 환상을 주는 설교를 해보시는 것이 좋을 겁니다. 제가 50년의 경험을 통해서 우리 한국에서는 80만 성도를 모았고 세계에서 빌리 그레이엄 목사 다음으로 제일 많은 군중을 모았었습니다. 80개국을 가서 400여 도시에서 설교했는데 제일 기억에 남는 것은 러시아의 크레믈린 궁전에 들어가서 사흘 동안 부흥회한 것입니다. 크레믈린 궁전이 어디입니까? 공산당이 무너졌을 때 제가 들어가서 크레믈린 궁전에서 설교를 했는데 제일 감격적이고 추억이 많은 곳입니다.

가는 곳마다 대 군중이 모였습니다. 핸들링 하기 곤란한 군중이 모여도 걱정은 안했습니다. 왜냐, 소망을 주는 메시지를 전했기 때문에 그런 것입니다. 소망을 주는 메시지를 만든다는 것은 참 괴롭습니다. 저는 요새도 한 편의 설교를 준비하려고 하면 몇 주일을 고민하고 고생을 합니다. 사람들은 50년 동안 했는데 입만 열면 줄줄 나올 것인데 뭘 그걸 걱정하느냐고 합니다. 정말 그랬으면 얼마나 좋겠어요?

그런데 여러분, 아기를 낳는 어머니에게 물어보십시오. 첫아기 낳을 때하고 둘째 낳을 때하고 어떤지요. 첫 아기 낳은 경험이 있기 때문에 둘째는 뭐 눈 딱 감고 낳을 수 있다고 그러는데 우리 어머니에게 물었어요. 우리 어머니가 아홉을 낳았는데 동생을 낳을 때까지 한 번도 쉽게 낳은 적이 없고, 고통스러웠다고 합니다.

설교가 그래요. 정말 설교하는데 고민이 많습니다. 제가 지금 여러분에게 설교하는 것도 일주일 동안 굉장히 고민했다고요. 지혜의 말로써 할까? 내가 좀 아는 철학이나 지식을 가지고 할까? 그러다 오늘 설교는 나의 경험을 나누는 것이라고 생각했지요. 나의 목회 경험이 목사 될 사람들에게 가장 유익하다고 생각했습니다.

내가 경험을 나누면 경험은 거짓이 없이 내가 걸어온 길이고 이 길이 참이라는 것을 확증해 줄 수 있으니깐 여러분에게 나누는 것입니다. 여러분에게 앞날의 희망이 있기를 바라고 정말 큰 하나님의 영광이 있기를 바라 마지 않습니다.

부록 2.
조용기 목사 연표
(1958-2008)

<1958>
4. 8 기독교대한 하나님의성회 교단 창립
5. 18 5명의 성도로 대조동 천막교회 개척(서울시 서대문구 대조동)
6. 7년 중풍병 환자, 신유기도로 병 고침을 받음

<1959>
4. 천막성전 건립 및 확장(성도 50여명)

<1961>
9. 1 서대문로터리에서 천막 대부흥성회 개최
10. 15 서대문으로 교회 이전, 첫 개척예배

<1962>
4. 26 조용기 전도사 목사 안수
5. 13 '순복음중앙부흥회관'에서 '순복음중앙교회'로 개칭

<1964>
10. 28 최자실 일본에서 첫 해외선교

<1967>
2. 5 월간 신앙계 창간

<1969>
7.7-11 제3차 하나님의성회 극동아시아대회 개최

<1971>
1. 1 교구제 실시
8. 23-27 남산대부흥성회(남산야외음악당) 개최
10. 11-16 여의도 민족제단 신축기념(여의도 대부흥성회)

<1973>
3. 7 순복음오산리기도원(현 오산리최자실기념금식기도원) 설립
8. 19 여의도 새 성전에서 예배 시작
9. 18-23 제10차 세계오순절대회 주관

<1975>
1. 1 대교구제 실시(행정구역단위로 설정)
5. 제1회 순복음세계선교대회(미국 나성순복음교회)

<1977>
8. 조용기 목사, 최자실 목사 합동으로 일본 동경부흥성회 인도

<1978>
8. 17 조용기 목사와 최자실 목사 동경부흥집회 인도
12. 12-17 조용기 목사, 태국 기독교 전파 150주년 기념성회 인도

<1979>
1. 24-29 조용기 목사 엘살바도르 성회 인도
4. 25-29 조용기 목사 오스트레일리아 성회 인도
9. 3 조용기 목사, 유럽 부흥성회 인도차 출국

<1980>
1. 26 조용기 목사 대만 교역자 수련회 및 부흥성회 인도
7. 17-21 조용기 목사 노르웨이 성회 인도

7. 22 조용기 목사 스웨덴 성회 인도

11. 23-29 조용기 목사 일본 오사카, 후쿠오카 성회 인도

<1981>

5. 8 조용기 목사 핀란드 헬싱키에서 부흥성회 인도

7. 7 조용기 목사와 최자실 목사 81 전울산복음화대성회 인도

<1982>

2. 15 조용기 목사 마닐라 대부흥성회 인도

6. 2-6 조용기 목사 82 싱가포르 민족복음화 대성회 인도

8. 11-15 일본 1천만 구령을 위한 제1회 평신도 방한 대성회

<1983>

1. 17-20 조용기 목사 일본 동경부흥성회 인도

5. 11-13 제10차 순복음세계선교대회

6. 23 조용기 목사 일본 오사카 성회 인도

7. 12-21 조용기 목사 암스테르담 83 국제순회전도자대회 인도

8. 15 조용기 모사 '1천만 구령'의 초석을 마련한 일본 대성회 인도

<1984>

9. 19-22 베네수엘라 및 페루 대성회 인도

10. 18-20 조용기 목사 일본 1천만 구령을 위한 동경무도관 성회 인도

12. 5-9 조용기 목사 말레이시아 대부흥성회 인도

<1985>

10. 16-18 조용기 목사 일본 오키나와 성회 인도

<1986>

1. 9-12 조용기 목사 호주 성회 인도

3. 20-21 조용기 목사 몽고메리 대성회 인도
5. 13 조용기 목사 초청 청주복음화대성회
10. 6-17 조용기 목사 미국 포틀랜드, 뉴올리언즈 성회 인도
11. 1 제1회 아시아 교회성장 선교대회
12. 10-12 조용기 목사 초청 대만 복음화대성회

<1987>

3. 5-17 조용기 목사 미국, 아르헨티나 성회 인도
4. 8-11 조용기 목사 미국 달라스 교회성장세미나 및 대부흥성회 인도
5. 13-19 조용기 목사 호주 대성회 인도
10. 3 나라와 민족을 위한 기도대성회
12. 9-15 조용기 목사 미국 플로리다, 뉴올리언즈 CGI 미주성회 인도

<1988>

8. 5 올림픽선교회 주최 88올림픽선교대회
8. 15-18 88 세계복음화 대성회
11. 11-16 조용기 목사 미국 오클라호마성회 인도

<1989>

1. 11-17 조용기 목사 하와이 성회 인도
3. 15-21 조용기 목사 초청 브라질 성회 인도
5. 9-11 조용기 목사 초청 유럽지역 독일 대성회
8. 26-27 조용기 목사 초청 호주 성회
9. 27-10. 1 조용기 목사 싱가포르 제15차 오순절선교대회에서 설교
10. 6 세계 복음화 성령충만 무장을 위한 특별연합성회
11. 7-10 조용기 목사 CGI 주회 교회성장 마닐라대회 인도
12. 18-20 조용기 목사 홍콩 대성회 인도

<1990>

9. 28 남북이 하나되기 위한 기도대성회 개최

10. 2-4 조용기 목사 초청 일본 북해도 성회

<1991>

1. 23-29 조용기 목사 초청 교회성장 및 특별대성회(남미 최대 개신교 부흥성회)

5. 21 조용기 목사 초청 포항 성시화 대성회 개최

11. 19-22 조용기 목사 대만 성회 인도

12. 19 교단통합 선언대회(예하성과 기하성 교단통합)

<1992>

1. 13-16 조용기 목사 인도네시아 성회 인도

2. 9-17 과테말라 코스타리카 조용기 목사 초청 중남미성회

6. 16-17 조용기 목사 초청 모스크바 대성회

10. 12 남북통일과 민족복음화를 위한 기도대성회

<1993>

3. 30-31 93 아프리카 성령화 대성회(케냐 대성회)

5. 26 제20회 세계순복음선교대회

6. 22-23 조용기 목사 초청 러시아 복음화 대성회

7. 21-23 동러시아 복음화 대성회

10. 15 교회갱신과 남북통일을 위한 기도대성회

12. 8 동유럽 헝가리 부다페스트성회

<1994>

2. 10-12 조용기 목사 CGI 인도 마드라스 대성회 인도

3. 9-14 조용기 목사 초청 CGI 칠레와 파라과이 대성회

4. 5-7 조용기 목사 초청 시드니 대성회

5. 11-14 조용기 목사 노르웨이 성령축제 인도

8. 16-18 조용기 목사 94 동러시아 복음화대성회 인도

11. 15-17 조용기 ahra사 인도네시아 수라비야대성회 인도

<1995>

1. 9-13 조용기 목사 초청 비전 95 호주 대성회

2. 24 조용기 목사 인도 뉴델리성회 인도

3. 8-9 95 영국 민족 제자화 성회

6. 6-13 조용기 목사 영국 대성회, 루마니아 대성회 인도

<1996>

6. 13-16 조용기 목사 핀란드 헬싱키대성회 인도

8. 13-14 조용기 목사 체코 대성회 인도

8. 17-18 조용기 목사 초청 우크라이나 대성회

9. 13-14 조용기 목사 초청 남아프리카공화국 요하네스버그대성회

10. 18 남북통일과 영적각성을 위한 기도대성회

10. 23-24 조용기 목사 초청 방콕 대성회

12. 13-15 조용기 목사 초청 인도 봄베이대성회

<1997>

2. 4-9 조용기 목사 피지성회 인도

3. 18 순복음 동경교회 창립 19주년 기념성회, 순복음 나고야교회 신년 축복 대성회

4. 8-9 조용기 목사 초청 뉴욕대성회

9. 25-28 브라질 상파울로 조용기 목사 초청 남미 대성회

11. 5-7 조용기 목사 초청 필리핀 마닐라대성회

<1998>

3. 26-29 조용기 목사, 이탈리아 시실리대성회 인도
6. 10-14 스위스 취리히 대성회
9. 22-25 제18차 세계오순절서울대회
9. 25 세계평화와 경제회복을 위한 기도대성회
10. 21-25 조용기 목사 헝가리 부다페스트대성회 인도
11. 19-20 조용기 목사 초청 침켄트 신유대성회

<1999>

3. 23-25 조용기 목사 개신교 최초로 두바이 성회 인도
7. 30-8. 4 조용기 목사 초청 스웨덴, 덴마크 성회
12. 8-12 조용기 목사 인도 코타얌 은사주의 축복성회 인도

<2000>

1. 10 밀레니엄 부흥 2000 대성회
4. 17-18 조용기 목사 불교국가인 미얀마에서 성회 인도
4. 19- 21 조용기 목사 싱가포르 대성회 인도
5. 10-13 조용기 목사 초청 호주 '리더십 2000' 성회
6. 14-16 조용기 목사 초청 잠비아 대성회
6. 19-21 조용기 목사 아프리카 가봉성회 인도

<2001>

5. 1-2 조용기 목사 초청 요르단 암만 대성회
5. 25-26 조용기 목사 초청 영권회복 2001 대성회
8. 24-26 조용기 목사 아프리카 코트디부아르성회 인도
8. 28-31 조용기 목사 아프리카 가나성회 인도
10. 19 새천년 국가의 안정과 교회부흥을 위한 기도대성회

<2002>
2. 6-7 조용기 목사 제6회 PFI 인도 푸네성회 인도
8. 9-11 조용기 목사 2002 나이지리아 대성회 인도
8. 14-16 조용기 목사와 김성혜 총장 2002년 동경 복음리바이벌성회 인도
9. 3-6 21세기 신사도적 교회부흥 세미나 및 부흥회
11. 14-16 조용기 목사 온두라스 대성회 인도

<2003>
5. 22 기독교대한 하나님의성회 희년대성회
9.17-19 조용기 목사 초청 대만 영적갱신과 부흥을 위한 성회

<2004>
4. 16-17 조용기 목사 초청 솔로몬군도 대성회
8. 4-5 조용기 목사 초청 몽골 추수 2004 대성회
11. 4 한국기독교성령100주년기념대회

<2005>
6. 16-17 조용기 목사 초청 러브 홍콩 2005 대성회
10. 14 세계평화와 민족구원을 위한 기도대성회
10. 21-22 조용기 목사 독일 미션라이브컨퍼런스 2005 인도

<2006>
4. 25-29 아주사 부흥 100주년 기념대회
6. 30-7. 1 조용기 목사 제24차 북미 케랄라이트 오순절대회 인도
7. 17 제1회 전국청년부흥대성회
7. 28 조용기 목사 초청 서산시 복음화 대성회
10. 20 한국오순절 100주년 기도대성회
10. 26-27 2006 풍성한 영적 추수를 위한 조용기 목사 초청 성회

<2007>

5. 14-18 한국기독교 성령 100주년 대성회

5. 18 (사) 한국기독교 성령 100주년 대회

10. 15 하나님의성회 교단 대통합선언대회 및 감사예배

10. 19 회개와 영적 각성을 위한 기도대성회

<2008>

1. 28-31 트랜스포메이션 2008 '일터변혁' 컨퍼런스 개최

2. 9 사랑과행복나눔재단 발기인대회

3. 23-30 조용기 목사, 김성혜 총장 미국 시애틀, LA, 하와이 성회 인도

5. 18 교회 창립 및 조용기 목사 성역 50주년 기념성회

<2009>

5. 5~6 일본 도쿄, 일본하나님의 성회 창립 60주년 기념선교대회

<2010>

4. 4 일본 오사카, 오사카 춘계축복성회

5. 4 일본 도쿄 순복음교회, 사랑과 행복나눔 특별성회

5. 26~30 싱가포르, 2010 CGI 아시아 콘퍼런스

8. 31~9. 2 타이완, 2010 타이완 목회자 4차원 영성 콘퍼런스

11. 23 일본 나고야, 나고야순복음교회 창립 21주년 기념예배

<2011>

3. 1 홍콩, 2011 홍콩 목회자 및 지도자 대성회

3. 16 일본 도쿄, 순복음 동경교회 34주년 축복성회

5. 4 일본 도쿄, 2011 동 일본 치유 대성회

8. 13~14 싱가포르, 시티하베스트교회 22주년 기념 축복 대성회

11. 13 일본 오사카, 2011 오사카 지저스 페스티벌

부록 3.

빌리 그레이엄 목사 전도 대회 연표
(1947-1996)

〈1947〉
미시간, 그랜드래피즈
노스캐롤라이나, 샬럿

〈1948〉
조지아, 오거스타
캘리포니아, 모데스토

〈1949〉
플로리다, 마이애미
메릴랜드, 볼티모어
펜실베이니아, 앨투나
캘리포니아, 로스앤젤레스

〈1950〉
매사추세츠, 보스턴
사우스캐롤라이나, 컬럼비아
뉴잉글랜드 6개 주 순회
오리건, 포틀랜드
미네소타, 미네아폴리스

조지아, 애틀랜타

〈1951〉
남부 제주(諸州) 순회
텍사스, 포트워스
루이지애나, 쉬레브포트
테네시, 멤피스
워싱턴, 시애틀
캘리포니아, 할리우드
노스캐롤라이나, 그린스보로
노스캐롤라이나, 롤리

〈1952〉
워싱턴 D.C.
미국 도시 순회
텍사스, 휴스턴
미국 도시 순회
펜실베이니아, 피츠버그
뉴멕시코, 앨버커키

〈1953〉
플로리다 도시 순회
테네시, 채터누가
미조리, 세인트루이스
텍사스, 댈러스
텍사스 서부 순회
뉴욕, 시러큐스

미시간, 디트로이트
노스캐롤라이나, 애쉬빌

〈1954〉
영국, 런던
유럽 순회
 암스테르담
 베를린
 코펜하겐
 뒤셀도르프
 프랑크푸르트
 헬싱키
 파리
 스톡홀름
테네시, 내쉬빌
루이지애나, 뉴올리언스
서부 순회

〈1955〉
스코틀랜드, 글래스고
스코틀랜드 도시 순회
영국, 런던
프랑스, 파리
스위스, 취리히
스위스, 제네바
서독, 만하임
서독, 슈투트가르트

서독, 뉘른베르크
서독, 도르트문트
서독, 프랑크푸르트
미군 기지들
네덜란드, 로테르담
노르웨이, 오슬로
스웨덴, 고텐부르그
덴마크, 아루스
캐나다, 온타리오, 토론토

〈1956년
인도 및 극동 순회
버지니아, 리치몬드
오클라호마, 오클라호마시티
켄터키, 루이빌

〈1957〉
뉴욕, 뉴욕

〈1958〉
카리브 해 연안국 순회
캘리포니아, 샌프란시스코
캘리포니아, 새크라멘토
캘리포니아, 프레즈노
캘리포니아, 산타바바라
캘리포니아, 로스앤젤레스
캘리포니아, 샌디에고

텍사스, 샌엔토니오
노스캐롤라이나, 샬럿

〈1959〉
호주, 멜버른
뉴질랜드, 오클랜드
호주, 시드니
호주, 퍼스
호주, 브리즈번
호주, 애들레이드
뉴질랜드, 웰링턴
뉴질랜드, 크라이스트처치
호주, 캔버라, 록서스턴, 호바트
아칸소, 리틀록
일리노이, 휘튼
인디애나, 인디애나폴리스

〈1960〉
라이베리아, 몬로비아
가나, 아크라
가나, 쿠마시
나이지리아, 라고스
나이지리아, 이바단
나이지리아, 카두나
나이지리아, 에누구
나이지리아, 조스
남로데지아, 불라와요

로데지아, 솔즈베리
북로데지아, 키트웨
탕가니카, 모시
케냐, 키수무
루안다-우룬디, 우숨부라
케냐, 나이로비
에티오피아, 아디스아바바
이집트, 카이로
중동 순회
워싱턴 D.C.
브라질, 리우데자네이루
스위스, 베른
스위스, 취리히
스위스, 바젤
스위스, 로잔
서독, 에센
서독, 함부르크
서독, 베를린
뉴욕(스페인어)

〈1961〉
플로리다, 잭슨빌
플로리다, 올랜도
플로리다, 클리어워터
플로리다, 세인트피터스버그
플로리다, 탬파

플로리다, 브라덴턴-사라소타
플로리다, 탤러허시
플로리다, 게인즈빌
플로리다, 마이애미
플로리다, 케이프커내브럴
플로리다, 웨스트팜비치
플로리다, 베로비치
플로리다, 피스리버파크 (일출 예배)
플로리다, 보카래턴
플로리다, 포트로더데일
영국, 맨체스터
스코틀랜드, 글래스고
아일랜드, 벨패스트
미네소타, 미네아폴리스
펜실베이니아, 필라델피아

〈1962〉
남아메리카 순회
일리노이, 시카고
캘리포니아, 프레즈노
앨라배마, 레드스톤 군수 공장
남아메리카 순회
텍사스, 엘패소

〈1963〉
프랑스, 파리
프랑스, 리용

프랑스, 툴루즈
프랑스, 뮐루즈
서독, 뉘른베르크
서독, 슈투트가르트
캘리포니아, 로스앤젤레스

〈1964〉
앨라배마, 버밍햄
애리조나, 피닉스
캘리포니아, 샌디에이고
오하이오, 콜럼버스
네브래스카, 오마하
매사추세츠, 보스턴
뉴햄프셔, 맨체스터
메인, 포트랜드
메인, 뱅고어
로드아일랜드, 프로비던스
켄터키, 루이빌

〈1965〉
하와이 제도
　오아후, 호놀룰루
　마우이, 카훌루이
　하와이, 힐로
　카우아이, 리후에
앨라배마, 도단
앨라배마, 투스컬루사

앨라배마 대학교
앨라배마, 오번
오번 대학교
앨라배마, 터스키지 연구소
앨라배마, 몽고메리
덴마크, 코펜하겐
캐나다, 브리티시컬럼비아, 밴쿠버
워싱턴, 시애틀
콜로라도, 덴버
텍사스, 휴스턴

⟨1966⟩
사우스캐롤라이나, 그린빌
영국, 런던
서독, 베를린

⟨1967⟩
푸에르토리코, 폰스
푸에르토리코, 산후안
캐나다, 매니토바, 위니펙
영국
이탈리아, 투린
유고슬라비아, 자그레브
캐나다, 온타리오, 토론토
미조리, 캔자스시티
일본, 도쿄

〈1968〉
호주, 브리즈번
호주, 시드니
오리건, 포틀랜드
텍사스, 샌앤토니오
펜실베이니아, 피츠버그

〈1969〉
뉴질랜드, 오클랜드
뉴질랜드, 더니든
호주, 멜버른
뉴욕, 뉴욕
캘리포니아, 애너하임

〈1970〉
서독, 도르트문트
테네시, 녹스빌
뉴욕, 뉴욕
루이지애나, 배턴루지

〈1971〉
켄터키, 렉싱턴
일리노이, 시카고
캘리포니아, 오클랜드
텍사스, 댈러스-포트워스

〈1972〉
노스캐롤라이나, 샬럿

앨라배마, 버밍햄

오하이오, 클리블랜드

인도, 나갈랜드, 코히마

⟨1973⟩

남아공, 더반

남아공, 요하네스버그

한국, 서울

조지아, 애틀랜타

미네소타, 미네아폴리스-세인트폴

노스캐롤라이나, 롤리

미조리, 세인트루이스

⟨1974⟩

애리조나, 피닉스

캘리포니아, 로스앤젤레스 (전도 대회 25주년 기념 집회)

브라질, 리우데자네이루

버지니아, 노포크-햄프턴

⟨1975⟩

뉴멕시코, 앨버커키

미시시피, 잭슨

벨기에, 브뤼셀

텍사스, 러벅

대만, 타이베이

홍콩

⟨1976⟩
워싱턴, 시애틀
버지니아, 윌리엄스버그
캘리포니아, 샌디에고
미시간, 디트로이트
케냐, 나이로비

⟨1977⟩
스웨덴, 고텐부르그
노스캐롤라이나, 애쉬빌
인디애나, 사우스벤드
헝가리 순회
오하이오, 신시내티
필리핀, 마닐라
인도, 복음 축제

⟨1978⟩
네바다, 라스베이거스
테네시, 멤피스
캐나다, 온타리오, 토론토
미조리, 캔자스시티
노르웨이, 오슬로
스웨덴, 스톡홀름
폴란드 순회
싱가포르

⟨1979⟩
브라질, 상파울로
플로리다, 탬파

호주, 시드니
테네시, 내쉬빌
위스콘신, 밀워키
캐나다, 노바스코샤, 핼리팩스

〈1980〉
영국, 옥스퍼드
영국, 케임브리지
인디애나, 인디애나폴리스
캐나다, 앨버타, 에드먼턴
일리노이, 휘튼
일본, 오키나와
일본, 오사카
일본, 후쿠오카
일본, 도쿄
네바다, 리노
네바다, 라스베이거스

〈1981〉
멕시코, 멕시코시티
멕시코, 비야에르모사
플로리다, 보카래턴
메릴랜드, 볼티모어
캐나다, 앨버타, 캘거리
캘리포니아, 새너제이
텍사스, 휴스턴

〈1982〉

영국, 블랙풀

로드아일랜드, 프로비던스

버몬트, 벌링턴

메인, 포틀랜드

매사추세츠, 스프링필드

뉴햄프셔, 맨체스터

코네티컷, 하트포드

코네티컷, 뉴헤이번

뉴잉글랜드 대학 순회 강연

매사추세츠, 보스턴
 노스이스턴 대학교

매사추세츠, 애머스트
 매사추세츠 대학교

코네티컷, 뉴헤이번
 예일 대학교

매사추세츠, 케임브리지
 하버드 대학교

매사추세츠, 뉴턴
 보스턴 대학

매사추세츠, 케임브리지
 매사추세츠 공과 대학

매사추세츠, 사우스해밀턴
 고든콘웰 신학 대학원

뉴햄프셔, 하노버
 다트머스 대학

매사추세츠, 보스턴
아이다호, 보이즈
워싱턴, 스포캔
노스캐롤라이나, 채플힐
동독
　비텐베르크
　드레스덴(색스니)
　괴를리츠
　슈텐달
　슈트랄준트
　베를린
체코슬로바키아
　프라하
　브르노
　브라티슬라바
바하마, 나소

〈1983〉
플로리다, 올랜도
워싱턴, 타코마
캘리포니아, 새크라멘토
오클라호마, 오클라호마시티

〈1984〉
알래스카, 앵커리지

미션 잉글랜드

브리스톨
선더랜드
노르위치
버밍엄
리버풀
입스위치
한국, 서울
소련
  러시아, 레닌그라드
  에스토니아, 탈린
  시베리아, 노보시비르스크
  러시아, 모스크바
캐나다, 브리티시컬럼비아, 밴쿠버

〈1985〉
플로리다, 포트로더데일
코네티컷, 하트포드
영국, 쉐필드
캘리포니아, 애너하임
루마니아
  수체아바
  클루지나포카
  오라데아
  아라드
  티미쇼아라
  시비우

부카레스트
헝가리
　페치
　부다페스트

〈1986〉
워싱턴 D.C.
프랑스, 파리
플로리다, 탤러허시

〈1987〉
사우스캐롤라이나, 컬럼비아
와이오밍, 샤이엔
노스다코타, 파고
몬태나, 빌링스
사우스다코타, 수폴즈
콜로라도, 덴버
핀란드, 헬싱키

〈1988〉
중국
　베이징
　화이인
　난징
　샹하이
　광저우
소련

러시아, 자로그스크

러시아, 모스크바

우크라이나, 키에프

뉴욕, 버팔로

뉴욕, 로체스터

캐나다, 온타리오, 해밀턴

〈1989〉

뉴욕, 시러큐스

영국, 런던

헝가리, 부다페스트

아칸소, 리틀록

〈1990〉

서독, 베를린

뉴욕, 올버니

뉴욕, 롱아일랜드

홍콩

〈1991〉

워싱턴, 시애틀-타코마

스코틀랜드

  에든버러

  애버딘

  글래스고

뉴저지, 이스트러더퍼드

뉴욕, 뉴욕(센트럴파크)

아르헨티나, 부에노스아이레스

〈1992〉
북한, 평양
펜실베이니아, 필라델피아
오리건, 포틀랜드
러시아, 모스크바

〈1993〉
독일, 에센
펜실베이니아, 피츠버그
오하이오, 콜럼버스

〈1994〉
일본, 도쿄
중국, 베이징
북한, 평양
오하이오, 클리블랜드
조지아, 애틀랜타

〈1995〉
푸에르토리코, 산후안
캐나다, 온타리오, 토론토
캘리포니아, 새크라멘토

〈1996〉
미네소타, 미네아폴리스-세인트폴
노스캐롤라이나, 샬럿

| 판 권 |
| 소 유 |

위대한 복음 전도자
빌리 그레이엄 & 조용기

2012년 10월 25일 인쇄
2012년 11월 1일 발행

지은이 | 이승한
발행인 | 이형규
발행처 | 쿰란출판사

주소 | 서울특별시 종로구 이화동 184-3
TEL | 02-745-1007, 745-1301, 747-1212, 743-1300
영업부 | 02-747-1004, FAX / 02-745-8490
본사평생전화번호 | 0502-756-1004
홈페이지 | http://www.qumran.co.kr
E-mail | qrbooks@gmail.com
            qrbooks@daum.net
한글인터넷주소 | 쿰란, 쿰란출판사

등록 | 제1-670호(1988.2.27)

책임교열 | 오완

값 12,000원

ISBN 978-89-6562-367-0 93230

* 이 출판물은 저작권법에 의해 보호를 받는 저작물이므로 무단 복제할 수 없습니다.
  잘못된 책은 교환해 드립니다.